メンタルトレーニングで
mental training
部活が変わる

試合に勝つ！　自分に勝つ！　人生に勝つ！

上杉賢士［監修］　加藤史子［著］

図書文化

はじめに　～あと半分の教育の場として～

多くの大人たちの記憶のなかに、中学生や高校生時代の部活動の想い出が刻まれていることと思います。勝利を目指して共に苦しい練習に耐えたこと、勝っても負けても涙があふれて止まらなかったこと、クラスメートよりもっと強い友情で結ばれた仲間の顔、などなど。それほど、この時期の生活にとって部活動の占める比重は大きかったといえます。

その部活動、特に本書で注目する運動系の部活動が、近年、さまざまな事情から大きく揺れています。以前から勉強との両立やそこでの人間関係など問題は少なくありませんでしたが、最近の部活動をめぐる事情はかなり異なります。

一つは、指導者の問題です。少子化に伴う学校の小規模化で、指導者の確保がむずかしくなりました。そのため、自分自身に競技経験がないまま、部活動の指導を担当せねばならない教員も少なくありません。以前から、社会体育への移行の必要性が叫ばれてはきましたが、必ずしも順調には進んでいません。とりわけ、大半の生徒が参加する中学校では学校の関与が欠かせないことが、その大きな要因の一つです。

むろん、生徒の側の問題もあります。すぐに思い当たるのが非行の問題です。「放課後に自由な時間があると何をしでかすかわからない」という学校や家庭の不安から、部活動につなぎ止めておくという、いわば〝拘束する時間〟としての意味もないとはいえません。

こうした事情から、部活動不要論もないわけではありません。しかし、さまざまな問題を抱えながらも、部活動は揺れる思春期の生徒たちが過ごす場所として、これからも学校教育の一部として存続されるものと思われます。とするならば、〝あと半分〟の教育の場として、前向きにそのあり方を議論する必要があります。

本書では、そうした趣旨のもとに、中学校や高等学校にメンタルトレーニングを導入することを提案します。メンタルトレーニングといえば、少なくともわが国では、オリンピック出場やプロになることを目指す一部のトップアスリートたちのものという見方が支配的でした。普通の中学生や高校生にとっては、部活動そのものが将来の進路につながることは稀です。そのためか、競技力向上や仲間づくりなどにおいていくらかの効果があれば納得というのが、教員や保護者、そして部活動に参加する当の本人たちの要求水準であったのではないでしょうか。

しかし、社会的環境の変化も手伝って、現代の中学生や高校生がこの時期に体験する揺れは、かつてないほどに大きくなりました。そのため、心理的な安定を得ることが、部活動に参加する・しないを問わず、この時期の年代の生徒にとって極めて大きな課題となっています。そこで、多くの生徒が参加する部活動という〝あと半分〟の教育の場を有効に利用しながら、自分を知り自分の可能性を信じるなど、この時期特有の発達課題を達成するお手伝いをしたいと思います。それが、やがて社会に飛び立つ力になると信じています。

なお、本書は、もう一人の筆者である加藤史子が、千葉大学大学院教育学研究科学校教育臨床専攻に在籍して執筆した修士論文をベースにしています。その間、実践の場を提供してくださった各学校の先生方、特に他校の紹介までしてくださった千葉市立小中台中学校の近藤義男先生に、そして執筆の機会をくださいました図書文化社の東則孝氏に、心から御礼申し上げます。

平成十六年十月

千葉大学　上杉　賢士

メンタルトレーニングで部活が変わる　目次

第1章 なぜメンタルトレーニングか

―― 上杉賢士

この章は、「世界的なアスリートのためのもの」と理解されがちなメンタルトレーニングを、なぜ学校教育の、それも部活動に取り入れることが必要かを説明します。部活動での成果を高め、本来の教育的な目的を達成する方法として、メンタルトレーニングを役立てる勘所になるはずです。

① 教育の場としての部活動

わが国における部活動の位置づけ

よく考えてみると、中学校や高校で行われている部活動は不思議な場です。学校で行われているから、明らかに教育の一環です。しかし、学習指導要領にも教育課程にも明確な位置づけがありません。つまり、通常の教育課程外の活動という性格をもっています。にもかかわらず、ほとんどの中学校や高校でごく当然のことのように行われ、多くの生徒たちがそれに参加しています。教育課程に組み込まれていないのですから、部活動を実施する・しないは学校が判断していいのです。でも、結果として部活動を行っていない学校はむしろ例外とみなされます。

その理由はいくつも考えられます。第一は、部活動にかぎりませんが、わが国における学校教育への強い信仰もしくは依存という風土があげられます。子どもの教育の多く部分を、できる・できないは別にして、学校が担ってきたという伝統的風土のことです。体育という教育課程上に位置づけられた時間があるのに加えて、部活動まで学校が面倒をみるという例は、諸外国にはあまり例がありません。

第二は、スポーツを始め親しむための機会や施設が、地域にはあまり用意されていないという事情があります。最近でこそ、生涯学習や社会体育の振興の目的のために、ようやく基盤が整備され始めました。それでも、だれもが気軽に楽しめるほど身近な存在にはなっていませんし、中学生や高校生年代のニーズを受け入れるにはまったく不十分です。加えて、多くの場合それに参加するには原則として有料です。無料で参加できる学校の運動部は、学校への信頼もあってスポーツをするにはかっこうの舞台というわけです。

第三に、スポーツ好きという国民性があげられるかもしれません。これは学校体育のあり方ともけっして無縁ではありません。早い時期から体育や運動会などで、お互いの体力や記録を競い合う風土があります。しばしば耳にする話題ですが、長い海外生活から帰国したいわゆる帰国子女が、「なぜみんなといっしょに走らなければいけないの」という素朴な疑問をもちます。みんなで運動し、競い合うということが、子どもたちにとってオプションではなく半ば義務化しているのです。その延長線上に、スポーツ好きという国民性が形作られたといってよいでしょう。むろん、そのいっぽうで、スポーツ嫌いを生んでいるのも事実ですが。いずれにしても、わが国では中学生や高校生時代にスポーツにいそしむというのは、健全な姿として認識されているのです。

千差万別、各校独自の活動スタイル

こうした背景のもとで、実際に多くの中・高校生が運動系の部活動に参加しています。しかし、問題はその実施要領がどこにも規定されていませんので、原則的には学校まかせの状態です。本文を執筆するにあたって、福武書店教育研究所（現・ベネッセ未来教育センター）が一九八三年に発行した調査報告書に目を通しました。そのまとめに、次のような一文がありました。

「部活動といっても学校差が大きい上に、ひとつの学校の中でも、ソフト部、陸上部、バレー部などと、部によって活動のスタイルがかなり異なる。したがって、部活動は、学校の数に部活動の数をかけた分だけ実態が存在するのかもしれない」（「モノグラフ中学生の世界Vol.14　中学生の部活動」から引用）。

おそらく、それが実際のところなのだろうと思います。

ほとんどの中学校や高校で行われていながら、その実施状況は学校や部によって大きく異なるのです。それでも、日々多くの生徒たちがそれに参加し、汗を流します。あるテニス部顧問の中学校教師は、「部活動は、中学生の学校生活のなかで九割くらいの比重を占めている」と断言します。「部活動を中心に一日が回っている」とも指摘します。学校から部活動がなくなったら、どうにもその空白を埋められないというのが現状です。

2 運動部が直面する課題

指導者確保が困難な時代

それほどティーンエージャーが若いエネルギーを注いでいる運動部が、いま、相当困難な問題に直面しています。その筆頭にあげられるのが、指導者の確保です。

少子化の影響で、最近の中学校は総体的に小規模になりました。しかし、小規模化したからといって、生徒の運動系部活動への要望が縮小するわけではありません。参加人数こそ減少するものの、参加したい種目の数は学校の規模にかかわらずほぼ一定です。

そこに、学校としての新たなジレンマが生まれます。すなわち、できるだけ生徒の要望に応えて多くの運動部を用意したいと思っても、肝心の指導者としての教員が不足するのです。したがって、ちょっと身に覚えがあったり、自分の趣味でやっている程度であっても、貴重な顧問候補になってしまいます。なかには、自分自身が競技経験ゼロでも指導を担当せねばならない教員もいるのが現実です。

また、少子化は、結果として教員の高齢化にもつながっています。若いうちは、たとえ競技経験ゼロであっても、生徒といっしょに運動することがあまり苦になりません。しかし、体力の衰えを感じる身で新たな運動部の指導を担当するのは相当無理があります。それでも、教員の間での不公平感をなくすために、一部の例外を除けば全員がいずれかの運動部を担当せねばならないという無言の圧力もないわけではありません。加えて、教員の人事は担当する教科を基準にして行われるのが普通です。通常の場合は、必要度は高くても運動部の指導者をそろえるための人事は行われないのです。

中学校における指導者問題

中学校の運動部を支える指導者には、もう一つの悪条件があります。サッカーやミニバスケットボールなど特定の種目にかぎられていますが、小学校でもこれに類する活動が行われています。しかし、小学校ではいっそうの人材難も手伝って、しだいに社会体育に移行していく傾向にあります。そこでの指導は、原則として社会体育の指導者としての地域の方々(教員が社会体育の指導者として担当する場合もあります)が担当します。指導者は、おそらく中学校の運動部以上に多様ですが、地域におけるクラブチームの運営や発展のために、確かなビジョンと技術をもっている指導者も少なくありません。小学生時代にこうした恵まれた環境で育ってきた生徒たちにとっては、中学校の運動部に逆の落差を感じるケースもあるようです。

ネガティブな条件ばかり並べてしまいましたが、これらの事情から明らかになることは、教員のボランティアによって支えられているのが中学校における運動系部活動の現状だという点です。対外試合などは、通常週末に行われます。したがって、学校週五日制が全面実施になったいっぽうで、指導担当教員は土・日返上を覚悟しなければなりません。わずかばかりの手当が支給されたり、保険（日本スポーツ振興センター）が適用されたりするものの、指導教員への負担は計り知れないものがあります。それでも運動部の活動がどこの学校でもそれなりに行われているのは、生徒たちの期待に懸命に応えようとする教員たちの心意気による以外の何物でもありません。

高校の部活動をめぐる状況

いっぽう、高校になると、運動部をめぐる事情はかなり異なります。

いくつもの私立高校が、全国から集めたプロ予備軍としての選手の養成に力を入れています。そうした高校では、運動部が学校の〝広告塔〟としての役割を果たしているケースも少なくありません。また、私立ほどでないにしても、一部の公立高校にもこれに似た例が見られます。そこでは、甲子園を象徴とする全国大会への出場を果たすと学校の知名度がぐんと上がるなど、運動部の成績がそのまま学校としての評価につながります。したがって、運動部の活性化は学校の経営方針として認知されています。

そのために、学校は優秀な指導者を集めることに熱心になり、それが公立高校でもある程度可能だと聞きます。当然のことながら、私立高校ではその傾向はいっそう強まります。そして、全国的に知名度の高い指導者が各学校からひっぱりだことという現象を生みます。

そのいっぽうで、中学校の運動部の延長のようなレベルでよしとする高校も少なくありません。むしろ、その方が多数派と言ってよいでしょう。

しかし、高校の場合は、学校間の較差というよりもむしろ教員間の格差の方が大きいのです。生徒と同様に、少なくとも心理的には職務の大半が運動部の指導に向けられている教員と、それにはいっさいタッチしない教員とに二分されます。それでも運動部が成り立つのは、中学校に比べて比較的規模が大きく、前に述べたような事情から指導者の確保にもそれほど苦労しないからです。そして、それを校内における職務分担として半ば了解し合っていますから、中学校のようなジレンマは比較的起きにくいのです。

それでも、プロをめざす一部の運動部や生徒たちを除いて、高校でもまた多くの運動部に参加するごく普通の生徒たちが中学生と同じように若いエネルギーをそこに注ぎます。そして、「部活動を中心に一日が回っている」という状況は、中学校に比べればいっそう顕著になります。しかし、それを受け止める環境としての運動部が、必ずしも心身の両面にわたって教育的配慮が行き届いているとはいえない現状にあります。運動部での活動の占める比重が大きくなるという意味において、彼らの居場所としての部活動をより意味のあるところにする必要性は、中学校より大きいと考えてよいでしょう。

③ 中・高校生のスポーツ体験とメンタルトレーニング

競技経験と指導力

以上、指導者の確保を中心に、中学校や高校の運動部が直面している問題を整理しました。とりわけ、自らの競技経験ゼロの教員でも運動部の顧問を担当することを求められる中学校において、問題はより深刻といえましょう。その点をカバーするために、自治体単位で地域に指導のための人材を求める動きも目立っています。しかし、そこは教えることを生業とする教員のことです。たとえ自分に競技経験がなくても、指導経験を蓄積することによってしだいにコーチングのコツを学んでいきます。「名選手、必ずしも名コーチならず」という格言を地でいっている教員も、けっして少なくありません。

しかし、新たな問題がその先に発生します。運動部に参加する生徒の目的は、おのずと試合に勝つことやよい成績をあげることに向けられます。そのため、指導者の努力もまた競技力の向上にストレートに向けられる場合が多いのです。むろん、そのなかには精神力を鍛えることも含まれますが、しばしば〝根性〟や〝我慢〟のレベルにとどまってしまいます。最近でこそ、競技中でも必要に応じて給水することが半ば常識化していますが、ちょっと前まではそれを我慢することも精神力を鍛える方法の一つと考えられていました。それに象徴されるように、科学的根拠のない伝統的なトレーニング方法が、まったく姿を消したわけではありません。「勝つために鍛える」という文脈のなかに、精神面の指導が吸収されてしまうのです。また、教育課程外の活動ですから、教科書のような適切なガイドブックはありません。それぞれの運動部の担当教員が、スポーツ指南書の類を頼りにしながら思い思いの方法で指導をしているのが実状なのです。

メンタルトレーニング導入の試み

そうした中学・高校の運動部をめぐる状況に対して、たしかな理論的裏づけのあるメンタルトレーニングを導入しようとする試みは、もう一人の筆者である加藤史子が、中学校のカウンセリンググルームで生徒たちと出会ったことをきっかけに始まりました。

加藤は、修士論文の冒頭で、そのときの経験を次のように整理しています。

——心のボランティアとして公立中学校のカウンセリングルームで中学生と接し、中学生の悩みを聞いていると、ほとんどが友達や家族、教師との人間関係に関するものであった。思春期に自立やアイデンティティを確立しようとする中で、人間関係が及ぼす影響は大きい。それにも関わらず、良い人間関係を築けずに悩み、感情のはけ口をまた人間関係に持ちこみ、いじめや仲間はずれなどの行動に発展していく。そして、出口が見つからずに問題が複雑化していく。（中略）自分の将来や仲間との関係に不安や苛立ちを感じて、今自分がどうするのかが見えなくなっている生徒たち。漠然とした不安を解消できないまま、その苛立ちを弱いものに向けている。そのような状態の中で学校生活での教科や部活動などには正面から向き合えないでいた。／目の前の中学生に生じていることは、多くの中学生にも少なからず同じような現象が生じているのではないかと感じた。この悪循環に回ってしまうエネルギーに方向性を持たせることができないだろうかという願いが生じた。（加藤史子、千葉大学大学院教育学研究科修士論文「中学校野球部員のメンタルトレーニングの効果に関する一考察」から引用）　その願いを実現する方法として、メンタルトレーニングに注目しました。

メンタルトレーニングの必要性

メンタルトレーニングは、最近では、トップアスリートにとってフィジカル面のトレーニングと同等もしくはそれ以上に重要なものと考えられるようになりました。それらを合わせた総合的なトレーニング環境の必要性が唱えられています。

しかし、わが国で運動に励むごく普通の中学生や高校生には、必ずしも身近な存在というわけではありません。それは、どこか専門的な知識や技術をもったトレーナーだから可能というようなイメージに包まれているからです。そして、ごく普通の中・高校生にはそこまでの必要性を感じないという見方もあります。

本書は、この二つの見方に敢えて正面から向かい合います。

第一は、ちょっとしたコツやノウハウを覚えれば、専門家でなくてもメンタルトレーニンググを可能にするプログラムの開発です。むろん、指導者がより深いレベルでその方法を支える理論を理解していれば、それに応じた効果が得られるでしょう。しかし、どこか縁遠いものというイメージをぐんと身近に引き寄せることによって、日常的な運動部の指導の場でそれを実践することを可能にしたいと願うのです。

第二は、ごく普通の中・高校生だからこそメンタルトレーニングが必要なのだという逆説的立場に立つことです。加藤が修士論文のなかで指摘しているように、思春期まっただ中の彼らは、かつてないほど大きな揺れを経験しています。未来社会の担い手としての期待が寄せられるいっぽうで、彼らは自分に自信がもてず、周囲との人間関係を調整することに多くのエネルギーを費やしてしまっています。部活動という〝あと半分〟の教育の場だからこそ、そうした現状を解消し、現在の自分と向き合い、将来の自分をたしかに見据えることができるような環境が必要だと思います。

実践から見えてきたメンタルトレーニングの効果

このように開発されたプログラムは、幸いにして実践する機会に多く恵まれました。実践を通して明らかになったことの一つは、用意したプログラムが「強く・うまくなりたい」という彼らの直接的な動機に応えるだけではなかったという点です。「自分に自信がもてた」「がんばれる自分を発見した」というように、競技力の向上というかぎられた範囲を超えたところでも多くの効果が見られました。

特筆すべきは、「落ち着いて生活ができるようになった」などのように、日常生活のうえでも意味のある変化が生じていることです。この時期に頻発するいじめや暴力などの人間関係上のトラブルも、内面にためこんでいるストレスの発散の結果という見方ができます。メンタルトレーニングを通して自分の心と向き合うことによって、自分をコントロールし、どうにかよい方向に向けたいという気持ちが生じたことも報告されています。

考えてみれば、若い時期に運動に取り組む意味は、実はそうした点での成長が期待できる点にもあったはずです。このあたりまえの原則が、前に述べたような部活動を取り巻くさまざまな事情から必ずしも生きていないのです。

幸いにして、部活動は教育課程外の活動であるため、〝強制〟ではなく基本的には本人の意志で参加する場です。そこに集まってくるのは、何かを求めているからです。そうした彼らの前向きなエネルギーを悪循環に終わらせるのではなく、ちょっとした方向性をもたせることで〝あと半分〟の教育の場を意味あるものにできるのだと思います。

❹ メンタルトレーニングのイメージ

現場における導入の実際

このメンタルトレーニングのプロセスが、『「中学校・総合的な学習」学力を育てる単元のアイディア』（上杉賢士監修、青木一著、明治図書）のなかで紹介されています。著者の青木一氏は、いち早く加藤のメンタルトレーニング・プログラムに注目し、実践の場を提供してくださった先生のお一人です。

中学生を対象としたメンタルトレーニングのイメージを具体的にもっていただくために、同書からその一部を引用して紹介します。

・・・

あがって実力が出せない生徒が続々と講習室に集合しました。／いつもはあがって実力が出せない悩みを抱いた生徒たちがこんなにもいることに驚きました。講習室は５０名の生徒が集まっていました。テニス部、サッカー部、剣道部、バスケ部。／そこで加藤さんはメンタルトレーニングを始める前に強い選手と弱い選手の心理を集まった生徒たちに考えさせました。

弱い選手（マイナスの自分）	↔	強い選手（プラスの自分）
失敗したらどうしよう	↔	絶対勝つ
ケガしたらどうしよう	↔	ケガしないぞ
相手は強そう	↔	自分は強い
あーでもないこーでもない	↔	そのときに集中
練習やってない	↔	自信を裏付ける練習量
技術がない	↔	技術・運・才能があるぞ

生徒は思い当たる節があったようで〝ふんふん〟とうなずきます。／次に加藤さんは生徒に五つの質問をしました。（以下、便宜上、テニス部の生徒に注目して述べます）

加藤：今の自分はどんな自分ですか。技術・体力・精神から具体的に分析してみましょう。
生徒：私は精神面では失敗するとすぐ弱気になります。技術ではボレーがいまいち。体力では少し自信がある。
加藤：自分のプレーのいいところはどこですか。
生徒：トップスピンがかけられます。やると決めた練習は終わるまでやり遂げられます。走り回ってボールを追えます。
加藤：自分の欠点や改善したいところはどこですか。
そう言って自分の克服すべき課題を整理させていきます。
生徒：すぐ気持ちがあがって空回りしてしまいます。スマッシュが決まりません。いつもよいボールを打ちたいです。
加藤：では、神様がかなえてくれるとしたらどんな選手になりたいですか。
生徒：おそれることなく常に自信をもっていて技術面でも充実している人。
加藤：自分が本当に手に入れたいものは何ですか。
生徒：自信と本番に負けない技術・強気。（以下、省略）

・・・

以上は、導入の一部です。要は、〃だめな自分〃というマイナスのイメージに包まれやすいこの時期の生徒たちに、目標やプラスのイメージをもたせることです。そうした方向性を自覚させることによって、生徒たちは大きく変わるのです。

ちなみに、このメンタルトレーニングは、総合的な学習の一環として、運動部に参加している生徒たちに呼びかけて行ったものです。このトレーニングを受けたテニス部の生徒たちは、念願の県大会初出場という輝かしい成果をあげました。しかし、それは想定外の成果というべきです。勝った・負けたという域を超えて、自分に対するたしかな自信を獲得させること。メンタルトレーニングを導入する意図は、その点にこそあるのです。

メンタルトレーニング活用のすすめ

ぜひ、以下に紹介するプログラムに生徒たちとともに取り組んでみてください。それらの多くは実践を透過しているものですが、もとより完成された形はなく開発途上でもあります。それでもこうした形で紹介するのは、部活動の指導に携わる先生方のお手伝いを少しでもしたいと願ってのことです。したがって、先生方の経験や実態に応じて適宜アレンジを加えていただいてもけっこうです。そうした共同作業を通じて、多くの生徒たちが集まる部活動をよりいっそう意味のある場に変えることができれば望外の幸せです。

第2章 メンタルトレーニングとは

加藤史子

この章は、メンタルトレーニングの全体像を紹介します。通常の部活指導と何が違うのか。どのような効果が得られるのか。上手なメンタルトレーニングの生かし方と、メンタルトレーニングを心の成長に結びつける方法を説明します。

心を支え鍛えるメントレ

心理的サポートの必要性

「精神的にタフになりたい」とか「強い心になりたい」と思っている人はたくさんいますが、ほとんどの人が、「心とはどういうものなのか」「どうすれば心は強くなるのか」という定義も方法も知りません。多くの生徒たちは、どうすればもっとがんばれるのか、どうしたらもっと強くなれるのかわからないまま、取り組むことを強いられているのです。そして、その方法を知らないというだけなのに「がんばれない自分はだめなんだ」「自分は心が弱いんだ」と思い込んでいます。

私たちは、自分の心についてもっと知る必要があります。ところが、「辛いときどうすればいいのか」「心をいい状態に保つにはどうすればいいのか」「心が成長するために本人に何ができるのか」ということはだれも教えてくれません。心が危機的状況にあっても、心の成長を促すサポートを受けにくいのが現状です。多くの生徒たちは、悩みを抱え込んだまま解決できずに毎日を過ごしています。

学校をまわってメンタルトレーニングを行っていると、「ほんとうに知りたかったことを教えてもらえてありがたい」という声をよく聞きます。生徒たちは知りたがっているのです。

部活は心を鍛えるチャンス

生徒自らが選んだ種目に、長期間継続して取り組むことができる部活動は、心を鍛える絶好の機会として利用することができます。ここには、自分の目標設定や目標に向かって取り組む方法について、比較的自由に決定できる部分が残されています。

ただし、やみくもに練習するだけで心が成長するわけではありません。まず、心についての正しい理解と、具体的なアプローチ方法が不可欠で、そうすることではじめて、効果的な心の成長を促すことができるのです。この心を鍛える効果的なアプローチが、メンタルトレーニングなのです。

生徒が必要としているのは

- 心のしくみについての知識
- 自分の心を理解するためのサポート
- 「どうしたらがんばれるのか」
「どうしたら心を強くできるのか」という具体的な方法

↓

メンタルトレーニング

やみくもに練習させたり叱咤激励しても心は成長しない。
だからこそ心を鍛えるメンタルトレーニングが効果的。

メンタルトレーニングとは

練習の成果を発揮する心理的訓練

メンタルトレーニングとは、練習の成果を本番で十分に発揮するための心理的訓練です。練習では上手にプレーできるのに、試合では緊張して、実力が発揮できないという人は多いのですが、どうしたら、緊張したときに自分の心をセルフコントロールできるのでしょうか。また、心を落ち着かせ最大限の実力を発揮するにはどうすればよいのでしょうか。

そのためには、心のしくみを知りコントロール方法を身につけることが重要です。そうすることにより、自己信頼感が高まり、自信へとつながります。さらには、競技の枠を超えていろいろな場面でも実力が発揮できるようになります。

メンタルトレーニングでは、「なぜ自分は練習するのか」という自分にとっての練習の意味を確認します。そして、自分の目標を見つめ直し、その目標へ到達したいという意欲を高め、それに向かってがんばれるように精神面のサポートをします。

ですから、選手たちはいつも自分の目標をもって、練習に取り組むことができるようになります。目標に向かって工夫しながら主体的に取り組むパターンを自分のなかに形成することは、心を育てる教育として大きな意味をもちます。

セルフイメージの向上

自分の目標に向かって主体的に行動し、望んでいる結果を手に入れていくプロセスは、セルフイメージを向上させます。

「自分はできるんだ」という感覚や、「何があっても乗り越えられる」という見通しは、具体的な行動パターンに反映され、その後の人生のさまざまな局面で、自分の「人生のシナリオ」として機能していきます。

部活動を通して、メンタルトレーニングを通して身につけた、よりよい人生の設計図を構築する力は、間違いなく人生の糧となるのです。

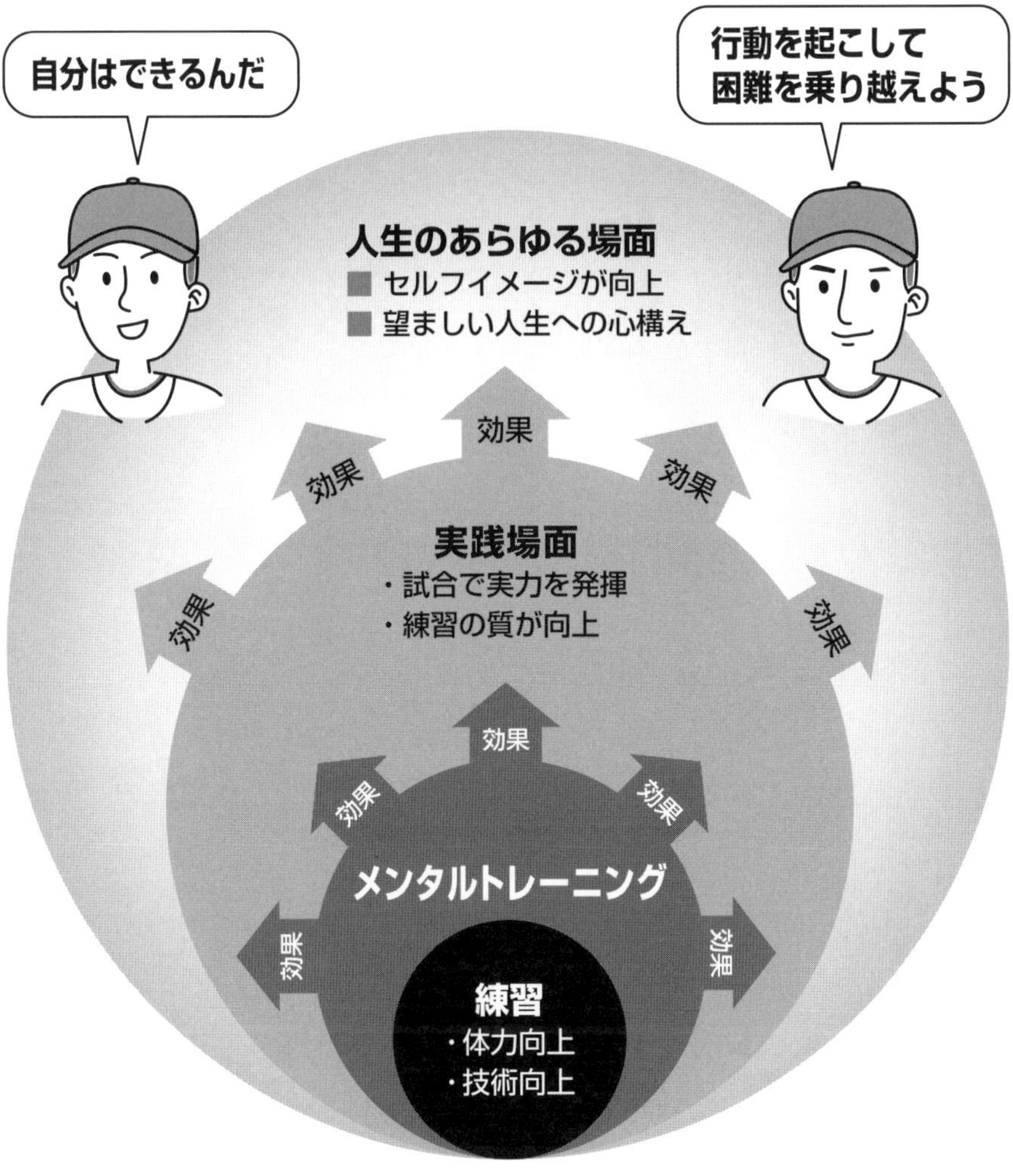

メンタルトレーニングは
人生全般においても効果を発揮する

自信と信念を育むメントレ

自分のなかに指針を作る

思春期は、何が正しくて何が悪いのか、暗中模索しながらも見つけられずにもがいている時期です。意図したつもりはないのに自分の言動が責められたり、自信のなさから消極的になって発言をためらってしまう生徒が少なくありません。

自分に自信がもてずに、自分のいいところを見つけたり受け入れることができない生徒にしてみれば、いくら「自信をもちなさい」と言われたところで、どうしたら自信がもてるのかさえわかりません。

そのような生徒たちに必要なのは、いまの自分を見つめ、具体的にどんなところに自信をもっていいのか、自信をつけるために自分は何をすればいいのか見つけるのを手助けすることです。こうした援助を通じて、自分に対する安心感と信頼感が高まり、言動にも自信をもつことができるようになります。

メンタルトレーニングを行った生徒の変化を調査してみると、「自分に自信がもてた」「自信をもって声を出せるようになった」という声が非常に目立ちます。生徒たちは、メンタルトレーニングをヒントにしながら自分の指針を見つけたのです。

自己信頼感と行動力

自己信頼感が高まると、生活のあらゆる場面で判断を下しながら、積極的かつ主体的行動がとれるようになります。

また、自分の役割にも意欲的に取り組むようになったり、自信がついて声も自然と出せるようになりリーダーシップを発揮できるようになるなど、さまざまな変化が現れます。

生徒自身のなかに自信と信念が育まれ、それに基づいて動くようになるので、行動も素早くなり活気が出てきます。

こうなると、チームはどんどん前に進んでいき、指導者も余計なエネルギーを使わずに、必要な指導に集中できるようになります。

自信が行動力の源泉となり目標に導く

心の糧となる指導者の言葉

指導者の言葉の重み

生徒にとって、指導者の言葉には特別な重みと意味があります。何気ないひとことに傷ついたり励まされたり、ときには一生心に残る言葉さえあります。私自身も辛いときには十五年前の恩師の言葉を思い出し、もう一度がんばってみようという気持ちになります。

部活動の厳しい練習や試合は、生徒たちにとって自分への挑戦の場面でもあるので、心に残るシーンが多く、そのときの指導者のひとことは、重大な意味をもってきます。指導者の言葉は内在化され、たとえ意識にのぼらなくても、いろいろな局面で行動を左右することもあるでしょう。ですから、まず指導者自身が言葉の重みを感じてほしいと思います。

心を支えるひとこと

それでは、どういうひとことが生徒の心を支える言葉になるのでしょうか。私自身、生徒たちと触れ合うなかで、その多くが指導者に認められたいと望んでいることがわかりました。

選手としての努力や取り組み、能力、あるいはがんばっている自分の人格を認めてもらったら、その後の人生において大きな励みになるのではないでしょうか。

指導者の温かい言葉がその後の人生に与える影響は大きく、これは指導者のできる最大の贈り物と言ってもいいかもしれません。

しかし、言葉だけでは生徒の心には届きません。心からその生徒を受け入れ信頼してはじめて、自分の存在を大切に思い、がんばれる人間であると認めていることが生徒の心に伝わるのです。

厳しい基準で生徒を見れば、まだまだたりないところが多く感じられて、頼りなかったり、腹が立ってしまうこともあるでしょう。

しかし、そこでどのように自分の視点を変えて、生徒たちと向き合えるかが、指導者の力量として問われるところなのではないでしょうか。

指導者のひとことが、生徒のその後の人生を支える心の糧となる

メントレでチームが変わる

チームの意識改革のカギ

チームをよい方向に変えるためには、メンバーの意識改革が必要です。その際カギとなるのは、チーム全体で新しい価値を共通認識としてもつことです。

メンタルトレーニングは、共通認識形成のきっかけとなります。メンタルトレーニングによって、「インパクトのある気づき」と「意識改革のきっかけ」が提供され、チーム全体で新しい価値を共有していくことにつながります。それにより、一人一人の変化に拍車がかかり、チーム全体の変化をもたらします。

変革をもたらす新しい価値・共通認識とは

メンタルトレーニングを行うことでチームの全員が、「心の声をプラスにすると、最大限の力が発揮できる状態が作れる」という価値観を得られます。すると練習でも試合でも、それぞれが心の声をプラスにして自分を励まし、チームメイトに対してもプラスの言葉を使うようになります。

さらに「そのことが意味のあることだ」という共通認識ができているので、率先して声を出すことを認めるという雰囲気ができるのです。

プラスの変化をもたらす好循環

新しい価値をチーム全体が共有して、メンバーそれぞれの変化を周りが受け入れる体制ができあがると、新しい「プラスの変化の循環」ができあがります。また、周りの変化を感じ取っていくことが、変化することに対する励みになり、よりいっそうがんばろうという気持ちが高まります。つまり相互に影響し合って、このチームなら大丈夫という思いが、チームとしての効力感を生むのです。

このチーム全体の変化は、モチベーションを継続させるうえでも大きなカギとなります。個々のメンバーがばらばらに変わろうと決心しても、気持ちは薄れがちですが、プラスの循環を形成すれば、変化の意志を持続できるのです。

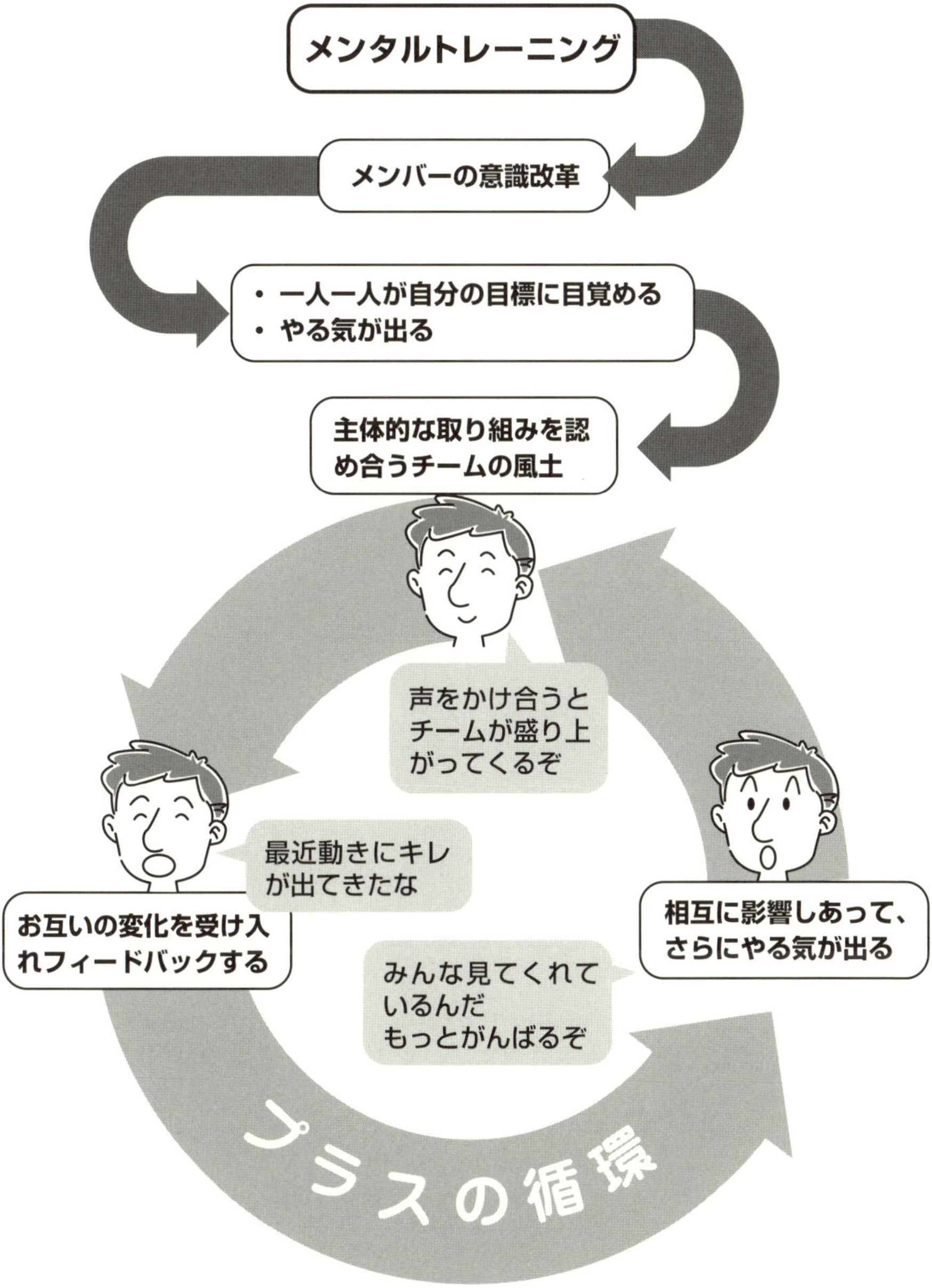
メンタルトレーニング
メンバーの意識改革
・一人一人が自分の目標に目覚める
・やる気が出る
主体的な取り組みを認め合うチームの風土
声をかけ合うとチームが盛り上がってくるぞ
最近動きにキレが出てきたな
お互いの変化を受け入れフィードバックする
相互に影響しあって、さらにやる気が出る
みんな見てくれているんだ
もっとがんばるぞ
プラスの循環

プラスのフィードバックがプラスの循環を作り活気を生む

第3章 実践「メントレ体験」

加藤史子

この章は、メンタルトレーニングの内容とその進め方です。この「メントレ体験」は、実際に体験することで効果が表れます。四角で囲んだ部分が具体的な手順です。実践の際には、4つのねらいによる配置を参考にして、実際の場面に合わせて、必要なメントレ体験を選んでください。

パート❶　気持ちの大切さに気づく！
パート❷　未来を意識化する！
パート❸　練習の効果を上げる！
パート❹　緊張を克服して実力発揮！

「したい」と「すべき」の違い

こんなにも違う二つの気持ち

みなさんが指導している生徒は、「練習したくてしたくてたまらない気持ち」、「とりあえず、または、仕方なくやるかという気持ち」のどちらの気持ちで練習に取り組んでいるでしょうか。

いつも練習がしたくてたまらない気持ちで取り組むことができればいいのですが、日々の繰り返しのなかでは、いつの間にかその気持ちを忘れてしまうものです。

ふだんはあまり意識しませんが、気持ちのもち方の違いは、練習の質にも効果にも大きく影響を及ぼします。そのことを、生徒たちに自覚してもらうだけでも、練習に対する心構えが、大きく変わってきます。

二つの気持ちの違いを感じ取る

この二つの違いを理解するために、身体を使って違いを感じることができるメントレ体験を用意しましたのでやってみましょう。

二つの気持ちの違いを感じたら、自分はいままでどちらの気持ちで取り組んできたのか振り返ります。そして、今後はどちらの気持ちで取り組みたいかを選んでみましょう。

手を振るメントレ体験

❶二人組になり、向かい合って両手をつなぐ。
❷一人は「振りたくないのに振らなくてはいけない」と思いながら両腕を振る。もう一人は、その人の手をとって振りの様子を感じる。
❸今度は「振りたくて振りたくて仕方ない」という気持ちで両腕を振る。もう一人は、その人の手をとって振りの様子を感じる。
❹二種類の振りの違いについてペアで話し合う。
❺ペアの役割を交代して②～④を行い、違いについて参加者全員でシェアリングする
❻手の振りを練習に置きかえて考えてみる。

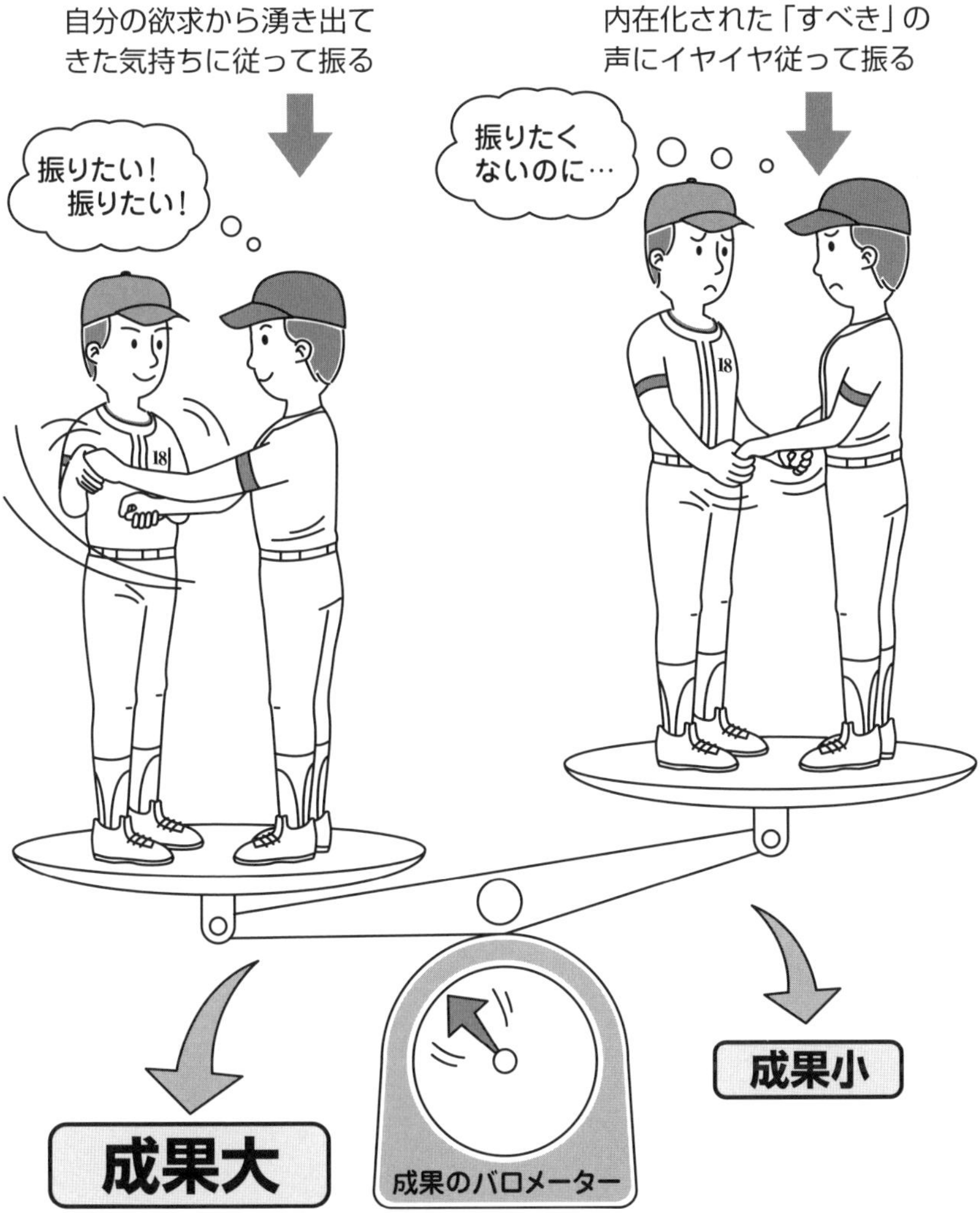
自分の欲求から湧き出てきた気持ちに従って振る
内在化された「すべき」の声にイヤイヤ従って振る
振りたい！ 振りたい！
振りたくないのに…
成果大
成果のバロメーター
成果小

■「〜したい」という気持ちで腕を振るときは、動きがリズミカルで技術の習得が早い
■「〜すべき」という声にイヤイヤ従うときは、動きも硬くなりがちで技術がなかなか身につかない

「したい」と「すべき」の成果をはかると…

目標がパワーを生む

障害をも乗り越える目標の力

みなさんが指導している部活動においては、生徒・指導者ともに、自分の目標が明確になっているでしょうか。

メンタルトレーニングを普及するために各校をまわっていると、「県大会出場」とか「全国制覇」を目標に掲げているところを多く見受けます。

こうした学校では、一見、目標をもっているように見えますが、残念ながら、外から与えられた目標がほんとうの意味で本人の目標になっていることは少ないようです。

人は自分の内面から何かを求めていることに気づき、ほんとうに手に入れたい目標を見つけられたとき、爆発的なエネルギーを発揮することができます。

このエネルギーをもって取り組むことができれば、障害が生じたときにも、それを障害だと感じずに、前に突き進むパワーが生まれます。

それに比べ、ほんとうの意味での自分の目標が見えていない場合には、ほんのわずかの障害にも立ち止まってしまうのです。

生徒たちが、目標をもつことともたないことの違いを体感できるメントレ体験を用意しましたので、実際に確かめてみてください。

ところでシェアリングとは、いま感じている気持ちをお互いに語り分かち合う活動です。

歩くメントレ体験

❶二人組になる。
❷一人はただ何となく歩き、もう一人は歩くパートナーを手で妨害する。
❸今度は歩いていくさきに自分の希望があることをイメージして歩き、もう一人はさきほどと同様に手で妨害してみる。
❹二通りの歩き方の違いをペアで話し合う。
❺ペアの役割を交代して②〜④までを行う。
❻参加者全員で違いについてシェアリングする。

目標も希望もなく「ただ何となく」取り組んでいると、遭遇した障害がとてつもなく大きく感じられ、乗り越えられない

ほんとうに手に入れたい目標をもっていれば、たとえ障害に遭遇しても乗り越えるパワーが生まれる

行く手に目標が見えるとこんなに違う…

いまの自分はどんな自分？

現在地点がわからなければ進めない

「いまの自分はどんな自分か」ということはわかっているようで、実際にはぼんやりとしか把握していない人がほとんどです。目標というゴールをめざすためには、自分がいまの自分をどのように認知しているのか、目には見えない「心の現在地点」を一度確認してみることが必要です。

例えば、沖縄に行こうと思っても、北海道から行くのか、九州から行くのかでは、行き方の手段や覚悟が違います。部活動もこれと同じことで、目標に向かう前に、自分の現在地点を確認して、そのうえでどうやって目標に向かうのかを検討する必要があります。

ありのままの自分を受け入れる

前進するためには、よいところも悪いところも全部ひっくるめて、ありのままのいまの自分を正直に受け入れることが必要です。

自分のことをどう捉えているのか、ここで一度振り返ってみましょう。自分についてどう思っているのか、思いついたことをどんどん書き出していきます。ここでは、技術・身体・精神力の三つに焦点を絞って考えていきましょう。例えば技術では「打率がいい」「盗塁がうまい」など、身体では「体力がある」「足が遅い」など、精神では「緊張しやすい」「注意力がしばしば欠ける」などです。

いまの自分を知るメントレ体験その1

Q1．いまの自分はどんな自分？

技術面……

身体面……

精神面……

盗塁・バッティング…◎
持久力………………………△
冷静さ………………………○
目標1
目標2
目標3
心の現在地

心の現在地を把握すれば
向かうべき目標と道筋が明確になる

ところが
あっち
どっち
こっち
18

心の現在地が把握できなければ
どうやって進めばいいかわからない

自分の現在地点を知らなければ目標に向かえない

自分のプレーのいいところは？

試合中の自分を支えるもの

試合中は、チームプレーをしていても、個人プレーをしていても、自分を支えてくれるのは、自分の強みについての自覚です。どのくらい自分の強みを知っているかどうかで、心を強く保つことができるか否か決まります。

試合中は、いろいろな出来事に遭遇して不安になりやすいものです。不安は自分の考えが自然と作り出すものですが、自分の強みについての自覚は、その不安を打ち消すのに役立ちます。ですから気持ちを不安から守り、強く保っておくために、日ごろから自分の強みを増やしておくことが大切です。

人と比べる必要はない

強みを増やしていくうえで邪魔になるのが、人と比べるということです。たしかに、自分の強みがだれにも負けないくらいのものであれば効果は絶大ですが、最初から人に負けないくらいのものでないと強みにできないと思い込んでいると、逆に強みを増やすことがむずかしくなります。

最初は人と比べることなく、自分のもっているよさを自分が認めることから始めることが大切です。まずは長所として受け入れ、それを伸ばしていくかで、人にも認められる強みにしていくようにしましょう。そういう意味では、より早く選手の強みを見いだしていける指導者が、選手を伸ばす指導者といえるでしょう。

いまの自分を知るメントレ体験その2

Q2．自分のプレーのいいところは？

技術面……

身体面……

精神面……

何があっても
動揺しない私がいる
十分に練習
したから
大丈夫！
これぞ磨きをかけた
自信のワザ
クセも個性
個性も強み
不安
不安
不安
不安
不安
不安
不安
不安
不安
不安
不安
不安
不安
不安

強みを自覚することで不安を打ち消すことができる

改善したいところは？

放っておくと不安の元に

どんな人でも自分の弱みは、なるべく見ないようにしてしまいがちです。しかし、心のどこかでその弱みに気づいているのに直視せずに放っておくと、試合での不安材料になってしまいます。

試合中の不安を引き起こしているのは、「～だったらどうしよう」という考えです。これに弱みが重なって、「自分はここが弱点だから、ミスしてしまうかもしれない」というように、さらに不安を倍増させるのです。

ですから、弱みはそのまま放置せずに、きちんと向き合って克服しておくことが必要です。

弱みを克服するには

最初は弱みを自分のものとして受け入れることに、少し抵抗があるものです。しかも、他人から指摘されるだけでは、マイナスとしての印象が強くなってしまいますから、ここでは特に「弱みを克服して強みに変えたい」という本人の意思が重要になってきます。

指導時は、往々にして弱点を指摘してしまいがちです。しかし、弱みを克服したいという意思が引き出せなければ、心の成長にはつながりません。その点、メンタルトレーニングには本人の弱点克服の意識を高める効果が望めます。ここでは弱点克服に役立つメントレ体験を紹介します。シートに書き出された項目が当面の課題となります。

いまの自分を知るメントレ体験その3

Q3．自分のプレーで改善したいところは？

技術面……

身体面……

精神面……

めざせ
上位入賞
練習はここに
力を入れよう
強みを増やしたい
改善したい
私の弱みは後半の
スタミナ切れ
ターンの遅れ
できれば弱みは
直視したくないわ
気にはなるけど
まぁいいや
またダメかもしれない
記録更新は
きっとできない
いつまでたっても
平凡な記録だけ
1
2

まずは弱みと向き合うことから始めよう

もしも願いが叶うとしたら？

“諦め”こそが最大の敵

「何でも叶うとしたら、どんな選手になりたいか」――このフレーズには、「諦めないでいいとしたら」という意味が含まれています。

しかしなぜ、「何でも叶うとしたら」という前提が必要なのかというと、ほとんどの人が無意識のうちに、自分の可能性に限界の壁を設けてしまっているからです。この無意識の諦めが、自分のほんとうに求めている何かに気づくことを困難にさせています。ですから、一度その諦めを取り払ったところで、本心では何を求めているのか、自分の内面に耳を傾けなくてはいけません。耳を澄ませてほんとうに求めているビジョンを見つけることが、自分の目標を明確にするためには必要不可欠なのです。

どんな選手になりたいのか

自分がなれるかもしれないと思わなければ、どんな選手になりたいのか、考えてみることもなかなかないでしょう。

しかし、自分が憧れる選手の優れた能力を自分ももてるかもしれないと想像したら、こんなにウキウキすることはないと思います。諦める前にやってみる価値はあります。

冒頭の質問を自分自身に問いかけることは、まだ気づいていない目標を見つけるうえで、重要な役割を果たすのです。

いまの自分を知るメントレ体験その4

Q4．何でも叶うとしたら……

どんな選手になりたいか？

憧れの選手のどんな能力を手に入れたいか？

無意識の諦めを捨てれば……

- 限界の壁を壊すことができる
- 自分の求めていた夢に気づくことができる
- 夢を実現する可能性を高めることができる

諦めを捨てて自分の内面に耳を傾けよう

ほんとうに手に入れたいものは？

自分がほんとうに求めていること

「あーっ、自分はこれを求めていたんだ！」と、心のいちばん奥にある「自分がほんとうに求めているもの」に気づく瞬間があります。例えば「みんなから信頼される自分」「尊敬される自分」「精神的な強さ」という類のものです。これこそ自分のビジョン（視覚化できるほど明確な将来像）となり、行動を起こしていくための、強い原動力となるのです。

この「ほんとうに求めているもの」とは、どんなに部活に打ち込んでいる子どもでも、目には見えない精神的なものであることが多いものです。こうした一段高いレベルの願いに気づき、それとのかかわりで「〇〇秒で走れるようになる」「〇メートル跳べるようになる」「〇〇大会で優勝する」などの具体的な目標がもてるようになれば、外から与えられた課題や練習が、自分の目標を達成し、なりたい自分になるためという主体的な課題に変化するのです。

少しずつ自分の内面を見つめて

いきなり「ほんとうに手に入れたいものは何か」と聞かれても、即答するのは困難です。これを知るにはまず、自分の現在地を確認しながら自分の内面に目を向けます。そして「望みが叶うならどうなりたいか」をヒントに、求めているものに気づいていきます（Q1〜4）。そのうえで「こうありたい」という自分の願望を見つけ、目標を設定します（Q5）。ここまでくれば半分は成功したも同然。あと半分は次のウェビングや、夢実現プロジェクトで現実とすり合わせていくのです。

いまの自分を知るメントレ体験その5

Q5．自分が本当に求めているものは？

連勝記録を
つくる
県大会で
優勝する
精神的な課題
チームメイトから
信頼される自分
困難に立ち
向かえる自分
本当に
手に入れたい
ものは？
目標に向かって
集中できる自分
後輩から尊敬
される自分
基礎体力を
高める
進んで練習に
取り組む
正確なフォームを
身につける

ほんとうに手に入れたいものを追求すると精神的な課題が見えてくる。これを土台に具体的な目標に取り組む。

「いまの自分を知る５つの質問」とその意味

名前

Q1．いまの自分はどんな自分？技術・体力・精神面から具体的に書いてみよう！

自分の現在地点を確認することは、目標に向かって進むために重要です。ここでは、見えない自分の現在地点を確認するという意味があります。

Q2．自分のプレーのいいところや得意なところは？

自分の強みを確認しておくと、試合で緊張したときも、「自分は～が得意だから大丈夫！」というように、自分の武器になります。今回あまり見つけられなかった人も、今後自分のいいところを増やしていくことが大切です。

※人と比べる必要はないよ。どんな小さなことでもいいから10個あげよう

Q3．自分の欠点や改善したほうがいいところはどこ？

自分の弱みを自覚しながらそのままにしておくと、試合で不安や緊張の元となります。自覚している弱みを改善しておくと自分の強さとなって自分を支えてくれるものに変わります。自分の課題として克服することが大切です。

※ここに書かれたことが、自分の克服すべき課題につながるよ！

Q4．神様が何でも叶えてくれるとしたらどんな選手になりたい？

いちばんの敵は、自分のなかにある『諦め』です。ここでは、「こうなれないんじゃないか」という気持ちは抑えて、『どうなりたいのか』という心の声に耳を傾けましょう。

※こんなふうにはなれないんじゃないかと思う必要はないよ。
どんなことでも書いてみよう！

Q5．自分がほんとうに手に入れたいものは？

自分のほんとうに手に入れたいもの（能力や信頼）など、自分でも気がつかなかった何かを、自分のなかから見つけられたでしょうか。自分の納得できる答えを自分のなかに見いだしていきましょう。その答えを確認したら、次に進みます。

「いまの自分を知る5つの質問」とその意味

名前

Q1. いまの自分はどんな自分？技術・体力・精神面から具体的に書いてみよう！

Q2. 自分のプレーのいいところや得意なところは？

※人と比べる必要はないよ。どんな小さなことでもいいから10個あげよう

Q3. 自分の欠点や改善したほうがいいところはどこ？

※ここに書かれたことが、自分の克服すべき課題につながるよ！

Q4. 神様が何でも叶えてくれるとしたらどんな選手になりたい？

※こんなふうにはなれないんじゃないかと思う必要はないよ。
どんなことでも書いてみよう！

Q5. 自分がほんとうに手に入れたいものは？

考えを引き出す「ウェビング」

納得できる方法で目標にアプローチ

生徒が目標を見つけ、自分の現在地点を確認したら、次はどうやって目標に近づいていくかという方法を見つけます。アプローチの方法は無数にありますが、ここで大事なのは生徒が自分で納得できる方法を見つけることです。与えられたり指示されたりしたものでは効果が半減してしまいます。

そこで今回は、自分自身の力で見つける方法として、ウェビングを紹介します。ウェビングは、漠然としているアイデアを自分のなかから引き出して、考えをまとめるために有効な方法で、小学生から大人まで、自分の考えを整理したりまとめたりするときに活用できます。

ウェビングの作業プロセス

ウェビングを行っているときは、「こうでなければいけない」という考えはひとまず脇において、出てきたことをどんどん書いていくことがポイントです。出尽くしたところで書き出したものを眺めながら考えを整理します。そして、そのなかから、行動に移したいものを自分で選んでいきます。この作業をすることで、与えられた方法ではなく、主体的な方法で目標に近づくように生徒は変化していきます。

大切なのは、自分で選ぶこと。指導者ができることは、その選択肢の幅を広げてあげることです。

アイデアを引き出すウェビング

❶紙の中央に「なりたい自分」と書いて丸で囲む。
❷五つの質問で見つけた「なりたい自分」のなかから一つ選んでそのためにどんなことをしたらいいのか、思いついたことをどんどん書いて丸で囲み線でつないでいく。（出尽くすまでやる）
❸今度は別の「なりたい自分」をイメージし、思いついたことをどんどん書いていく。
❹納得するまで書けたら列挙したものを眺めてみる。

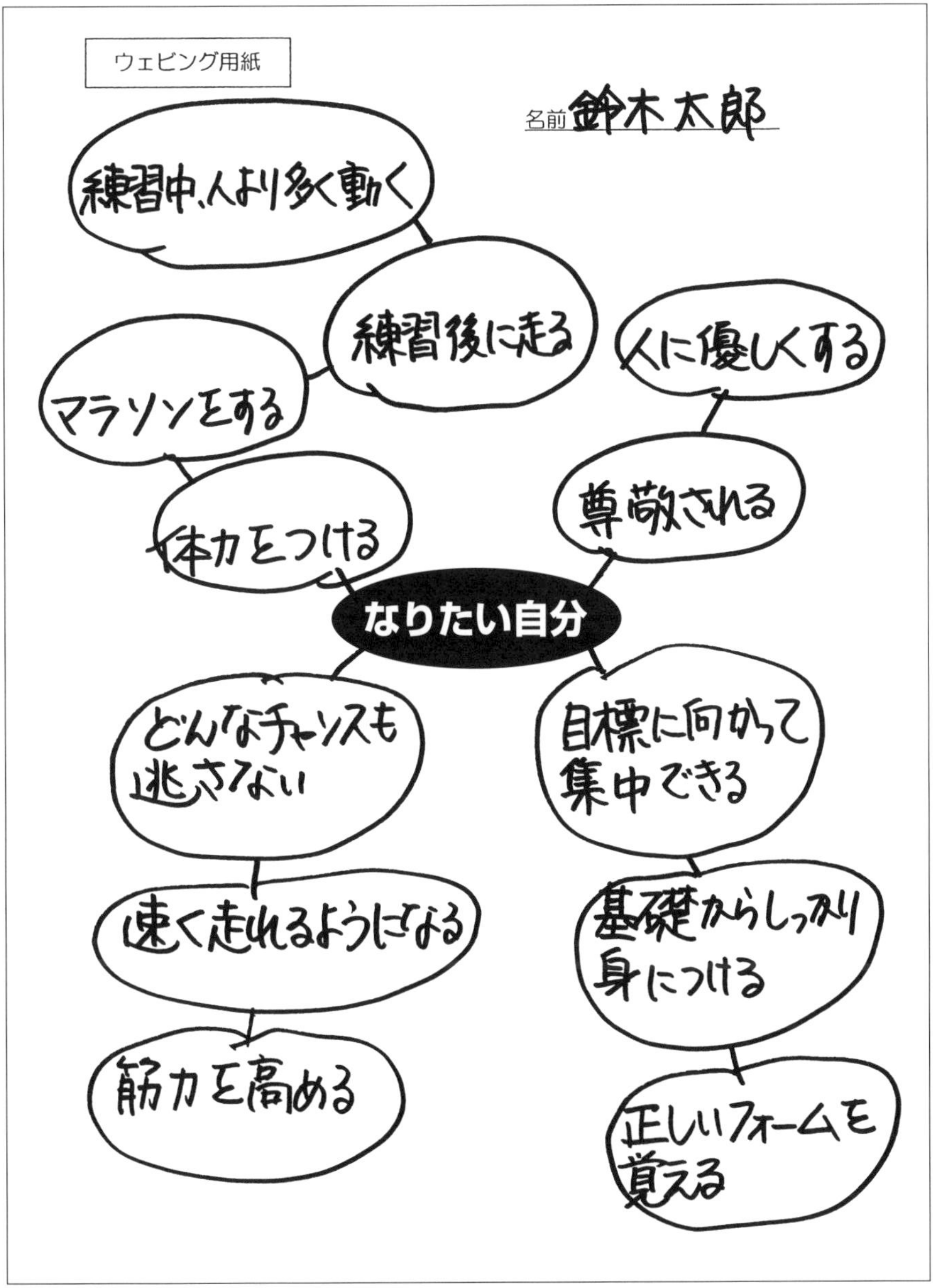
ウェビング用紙
名前 鈴木太郎
練習中、人より多く動く
練習後に走る
マラソンをする
人に優しくする
体力をつける
尊敬される
なりたい自分
どんなチャンスも逃さない
目標に向かって集中できる
速く走れるようになる
基礎からしっかり身につける
筋力を高める
正しいフォームを覚える

「なりたい自分」をキーワードに自由に書き込んでみよう

自分を信じる力

諦めが夢を遠ざける

夢をもつと、同時にその夢が叶わないのではないかという不安もついてきます。夢の実現を邪魔するいちばん大きな要因は、自分でも気づかない「どうせ叶うはずがない」という心の声です。

「夢は叶わないのではないのではないか」と不安に感じている生徒に、「それは無理だ」ととどめをさすのか、「自分を信じてやってみよう」と指導するのかでは結果も大きく変わってきます。

選手が自分を信じられるような具体的な材料を見つけて、自分の可能性を信じられるように伝えていくことが指導者のスキルといえます。

「きっとうまくいく」という気持ち

「きっとうまくいくに違いない」という気持ちは、自己効力感（セルフエフィカシー）の向上につながり、行動や成果に大きな変化をもたらします。例えば、行動力が身について自ら目標に向かって積極的に行動し、相応の結果がついてくると、さらなる自信へとつながります。また、さきの見通しが明るくなり、試合に勝てるかもしれないとか、活躍できるかもしれないといった希望や期待感が増してきて、よい心の状態が保てるようになります。

モデリングで学ぶ

「きっとうまくいく」という気持ちとは反対に、「どうせ自分にはできない」と初めから諦めてしまう気持ちがあります。残念なことに自分に諦めを感じてしまっている生徒が意外にも多いのです。他人と比べて劣っているからだめだとか、うまくできないことが多いからだめだというように、マイナス面に目が向いてしまい、自分に対しての諦めが少しずつ増えていくのです。

このような生徒に対しては、人はどうやって成功したのかというモデリングを活用することで、自分を見つめ直すきっかけとなり、気づきを深めていくことができるでしょう。

どうせ無理に決まってる…
チェンジ
やれば必ずできる!
諦めてしまう
そこでSTOP
夢が遠ざかる
18
実現したくなる
自分から行動する
夢に近づく

モデリングの実践

●モデリングのやり方

まずは目標とする選手の気持ちを場面ごとにイメージします。その際、自分がいちばん尊敬している選手や好きな選手だと同一化しやすくなります。

(例) イチロー選手だったら…

・どんな気持ちでバッターボックスに向かうのか
・どのようにしてボールに集中するのか
・どのようにしてピンチを乗り越えるのか
・どのような気持ちで練習に取り組むのか

●イメージする相手は?

自分と違う種目の選手をイメージしてもよいです。常に積極的に攻める姿勢を自分のものにしたければ谷亮子選手、不屈の精神を求めるのならマイケル・ジョーダン選手になりきるなど、自分にたりないものをもっている選手を参考にします。実在しない選手をイメージしてもいいです。自分にないものを矢吹ジョーや岡ひろみに見いだしたなら、マンガの主人公のイメージを使ってモデリングすればいいのです。

パワーを生む成功イメージ

成功のイメージはパワーの源

「なりたい自分になる」という自分の目標に近づくために大切なことは、成功を遂げて目標とする自分に到達した姿をイメージして、ワクワクすることです。

このワクワク感が、心の活力源となって、前進するためのパワーとなるのです。

「そうなりたいな」

←

「なれるかもしれない」

←

「なれるんだ」

←

「がんばろう」

この循環を作り出すために、成功のイメージ作りが欠かせないカギとなります。

成功のイメージの具体化

成功のイメージをより詳しく具体的にしていくと、それをどうしても手に入れたいと全身で感じるようになります。

ただし、成功のイメージを詳細に描くことは、慣れないうちはむずかしいかもしれません。その場合は、「成功を手に入れたら、どんな感じがするだろう」と生徒に問いかけながら誘導するといいでしょう。こうして具体的にイメージを描くことができれば、すでに成功を手に入れたも同じようなものです。あとはそうなりたいという気持ちに引っ張られて、自然と行動が伴っていきます。

ですから、やる気を向上させ、主体的に練習に取り組む姿勢を身につけてほしいならば、成功のイメージを活用するといいでしょう。

あとは成功を手に入れられると信じさせる指導者からの言葉がけが、生徒の気持ちを支えていくのです。

どこで…？
県大会の競技場で
周りにいるのはだれ？
支え合ってきた仲間
皆は何と言ってる？
おめでとう
よく
がんばったね
勝利をたたえる言葉
自分はどんな様子？
晴ればれとした笑顔
自分はどんな気持ち？
ここまで諦めず
がんばった自分に
1等賞
自分をほめたい気持ち
だれに何と言っている？
ありがとう
チームメイトに感謝

成功した自分を詳しくイメージする

成功のイメージでワクワクするメントレ体験

❶目を閉じて、ゆっくり呼吸をして、自分が成功したところをイメージする。

❷次のことをイメージしてみる。
・それはどこでしょうか。
・周りにはだれがいるでしょうか。
・周りの人はどんな様子で、何と言っているでしょうか。
・自分は何をしているでしょうか。
・どんな気持ちでしょうか。
・だれに何と言っているでしょうか。

❸イメージできたら、鮮明にその一シーンを自分の胸に焼きつける。応用として、そのシーンを写真に写したと想定してフレームに入れるところをイメージに加えたり、または、そのシーンを絵に描いたりすることも効果的。

❹そのシーンを忘れないように、スイッチとして指サインを決めて、シーンと連動して記憶しておく。繰り返し指サインで成功のイメージを思い出す。

「夢実現プロジェクト」の活用

夢を現実のものにするために

夢を見つけたら、ただ夢見ているだけでなく現実のものにするために行動する必要があります。その具体的な行動の手がかりとなるのが、「夢実現プロジェクト」です。

プロジェクトですから、生徒自身が企画を立てゴールを設定し、そのゴールに向けて、いつ・何を・どのように行動していくのかを具体的に決めていきます。これを整理して優先順位をつけ、なおかつ数量化してはじめて、行動レベルに導くことができるのです。

ここで大切なことは、やらされるのではなく、自分の目標へ向けての計画を自分で立てることです。主体的に取り組むために、五つの質問で自分の夢を明確に引き出してからこのプロジェクトを行うといいでしょう。

プロジェクト実行のポイント

プロジェクトは、スケジュールを立てることでより行動に移しやすくなります。これは、何をどのくらいやれば目標が達成できそうかという見通しが立つという効果と、何をどのくらいするのかという覚悟を決める意味もあります。

ここで気をつけたいのは、スケジュールはこれをこなすことが目標ではなく、あくまでも目標までの手がかりだということです。また、スケジュールに縛られすぎてしまわないように、練習の前に「今日自分が得たいもの」を決めさせたり、それを達成するために、何に取り組むべきかを考えてから練習に取りかかることが、効果的に活動を持続させる手助けとなります。スケジュールは、随時、軌道修正が必要です。うまくいかないときや、続けることがむずかしいときは、生徒が軌道修正しながら目標を見失わずに進んでいけるよう援助してあげてください。指導者はまず作成の過程を見守り、それを実行できるようにサポートすることを心がけましょう。

夢実現プロジェクト作成・実践の流れ

❶ 自分の夢を見つける ……… 5つの質問 (P42-53)

↓

❷ 夢実現プロジェクト

① ゴールを設定し、成功したときのイメージを明確にする。
② 夢実現に必要な具体的行動を列挙し、優先順位をつける。
③ それぞれの具体的行動をどれくらい行えばよいのか数量化する。

↓

❸ スケジュール作成

2-②、2-③を反映したゴールまでのスケジュールを立てる。

↓

行　動
(P64-65)

指導のポイント

- プロジェクト作成は生徒自身で。
- プロジェクト作成は生徒自身の意志を尊重し指示を与えすぎない。
- プロジェクトの進み具合に応じてスケジュールの軌道修正を行うようにアドバイスする。
- スケジュール消化が目的ではないことを理解させる。

強い選手になるためのプロジェクト企画書

名前

1. プロジェクト名を決める

2. プロジェクトの成功イメージを具体的に書いてみよう

3. プロジェクトの成功のためにやらなければいけないことを5つ以上あげる。

① （　）

② （　）

③ （　）

④ （　）

⑤ （　）

⑥ （　）

⑦ （　）

項目があがったら優先順位を決めて（　）に数字で記入しよう

4. 成功すると自分にどんないいことがある？

5. このプロジェクトを成功させると自分や自分のチームにとってどのように役立つか？

6. 自分で決めた内容でプロジェクトスケジュール表を作成してみる

プロジェクトスケジュール

名前＿＿＿＿＿＿＿＿

プロジェクトの目標

スケジュール

月	目標	トレーニングメニュー	自己評価

※スケジュールは段階ごとに自己評価し、軌道修正しながら進めよう！

その日その日の目標確認

常に目標を確認する

自分の夢という目標に向かって走り出したときに大切なことは、常に目標を確認し必要に応じて軌道修正することです。これを怠ると、日々の練習やスケジュールをこなすことにばかり目がいってしまい、肝心の目標を見失ってしまうことが多くなります。目標が見えなくなると、練習もしだいにダラダラとしたものになり、せっかくの夢実現プロジェクトも長続きしません。

練習はそれをこなすのが目的ではなく、夢を実現するための手段です。ですから、日々、目標を確認し軌道修正しながら、今日何をやって前に進むのかを決意したうえで練習に取り組むことが望まれます。

今日何を得たいのか

毎日の練習の前に、それぞれの今日の目標を決めてから、練習に取り組むようにします。それにより、その日自分が習得したいものに焦点が当たります。そうすることで、練習の意味を考えながら取り組むことができるようになり効果が上がります。

練習が済んだら、今日の自分を振り返り、自分がどのくらい前進したのかを確認します。そして、進んだことを自覚して、布石を置いていくのです。この積み重ねが、自分はたしかに成長しているんだという自信につながります。比べるのは他人ではなく、昨日の自分です。

毎日の練習に目標確認を組み入れよう

- 練習前に今日自分は何を得たいのかを中心とした「今日の自分の目標」を決める
- 練習後に、今日の自分の目標に照らし合わせて振り返りを行う
- 今日の自分は、昨日の自分に比べてどのくらい前進したのかを確認する

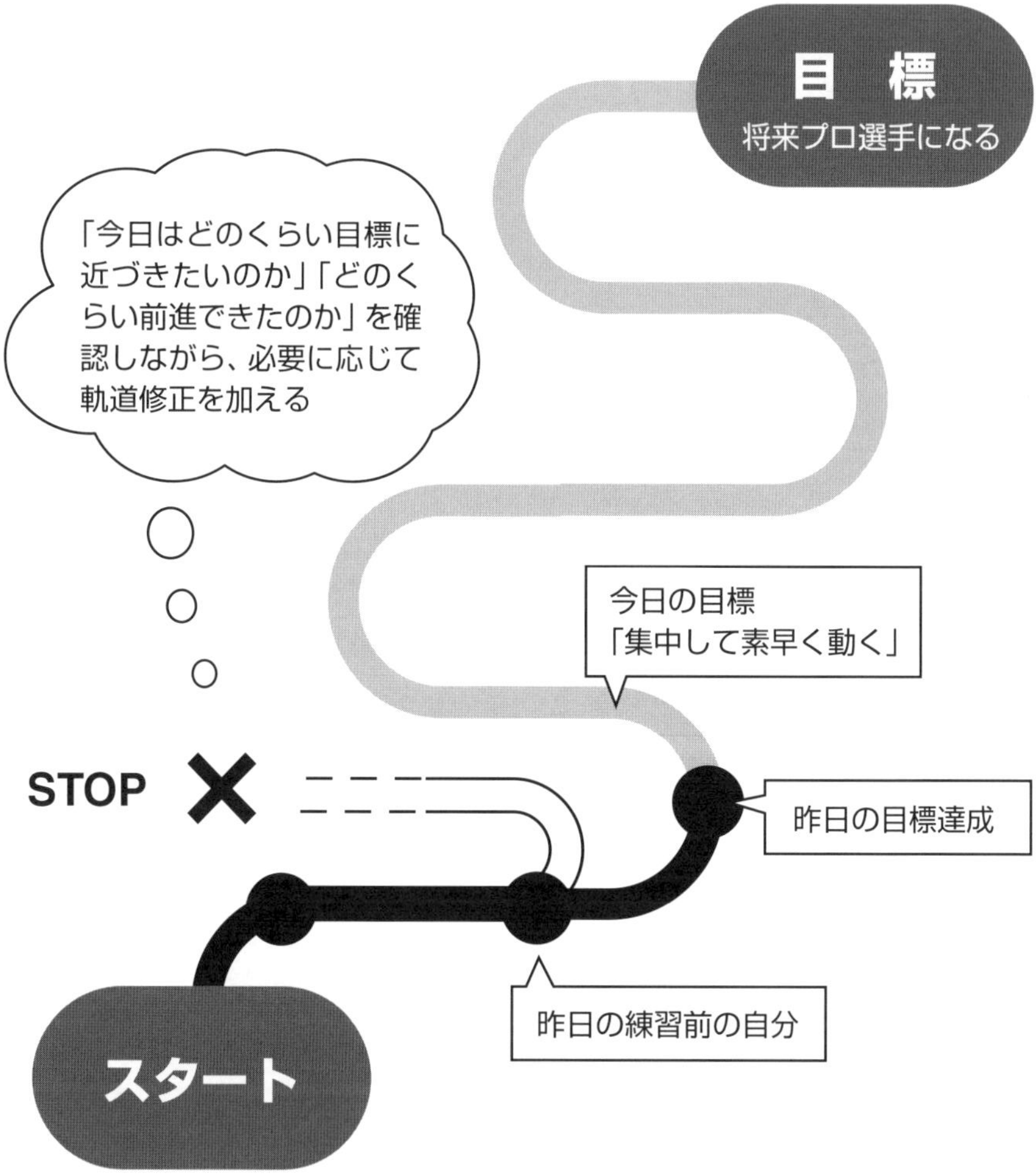
目 標
将来プロ選手になる
「今日はどのくらい目標に近づきたいのか」「どのくらい前進できたのか」を確認しながら、必要に応じて軌道修正を加える
今日の目標
「集中して素早く動く」
STOP ✕
昨日の目標達成
昨日の練習前の自分
スタート

■ 練習前に2～3分をとって、生徒にその日の目標を考えさせる。
■ 練習後に自分の目標をどのくらい達成できたのかを自己評価し、目標に向かってどのくらい前進できたのか進歩を自覚するための布石とする。
■ 毎日の目標確認ではワークシートは使わないが、プロジェクトのスケジュール用紙の自己評価部分に各自記録し、軌道修正しながら目標に近づく。

大きな目標に近づくためには日々の目標達成が不可欠

練習の意味を考える

自分にとっての意味

日々の練習を最大限に充実させるために大切なのは、一つ一つの練習のなかから自分にとっての意味を見いだすことです。走るときも、素振りをするときも、筋力トレーニングをするときも、ただそれを無意識にこなすのではなく、「その練習を通じて自分は何を得るのか」という意味を考えながら行動することがポイントです。目的意識を明確にすることによって、練習の質が高まり、効果も上がります。

効果が上がれば、必然的に生徒は前進したことを自覚できるので、ますますやる気も高まっていきます。自分の成長は具体的な形として目に見えるものではありませんが、こうした過程を経て自分の成長を確認することができるのです。

チームにとっての意味

自分にとっての意味を見つけることができたら、次は、チームにとっての意味を考えます。これを考えることによって、自分の力がチームに及ぼす影響を感じることができます。「チームにとって自分が役立つ存在になれるかもしれない」と思うと、ワクワクしてきて、練習にも力が入ります。

みんなの役に立てる自分の存在をイメージし、これを自覚できることは本人にとってとても嬉しいことです。自分の存在に意味を感じることができて、自分への肯定的なイメージを高めていくこともできます。自分にとっての意味とチームにとっての意味をあわせて考えることによって、生徒の心はどんどん強く成長していきます。

練習の意味を考える

このプロジェクトを成功させると？
・自分にとってどんないいことがあるのか……
・チームにとってどんないいことがあるのか……

Point 意味づけ、価値づけ

一つ一つの練習の意味を明確にすることで、
練習の質と効果が高まり、同時に自己肯定感、自己有用感がアップする

ランニング
素振り
守備練習
筋トレ
1.自分にとってどのような意味があるのか
2.チームにとってどのような意味があるのか
夢実現プロジェクト

夢実現プロジェクトを強化するポイント

成長曲線とスランプ克服

だれにでもスランプはある

この世にスランプのない人はいません。どんなに有能な選手でもスランプはあるのです。トップクラスに名を連ねる選手は、けっして諦めずにスランプを克服した選手です。つまりスランプは乗り越えるかどうか、それが重要なのです。

みなさんは指導する生徒たちに、スランプをどのように乗り越えさせてあげたいですか。

スランプから抜け出す

スランプに陥ると、多くの人はスランプにどっぷりつかってしまいます。客観的に自分を見ることができなくなり、精神的に追い詰められ苦しい状態になります。こうした状態を乗り越えるためには自らを客観視することが大切です。

そこで役立つのが、成長を曲線で表した成長曲線です。これを手がかりに自分はいま、その曲線のどこに位置するのか、そして、今後その曲線上をどのように進んでいきたいのかを把握します。この成長曲線を見れば、スランプ状態はこの線上の一点に過ぎず、未来があることに気づくはずです。

成長曲線のどこにいるのか

この成長曲線図の横軸は、そのことに取り組んでいる時間経過を、縦軸は成長の度合いを示します。多くの人は、成長するうえでこの図ような曲線を描くといわれています。

横軸に平行な部分がスランプ状態ですが、このとき止めてしまえばそこで成長はストップしてしまいます。強くなれる選手とは、ここを乗り越えて次のステップまで耐えられる人ということになります。

何かを成し遂げようと思ったら、三回くらいはスランプに陥るものです。

そのときに、スランプに飲み込まれずに、いまは曲線上のこのあたりだということをイメージできれば、冷静さを取り戻して、スランプも乗り越えやすくなります。

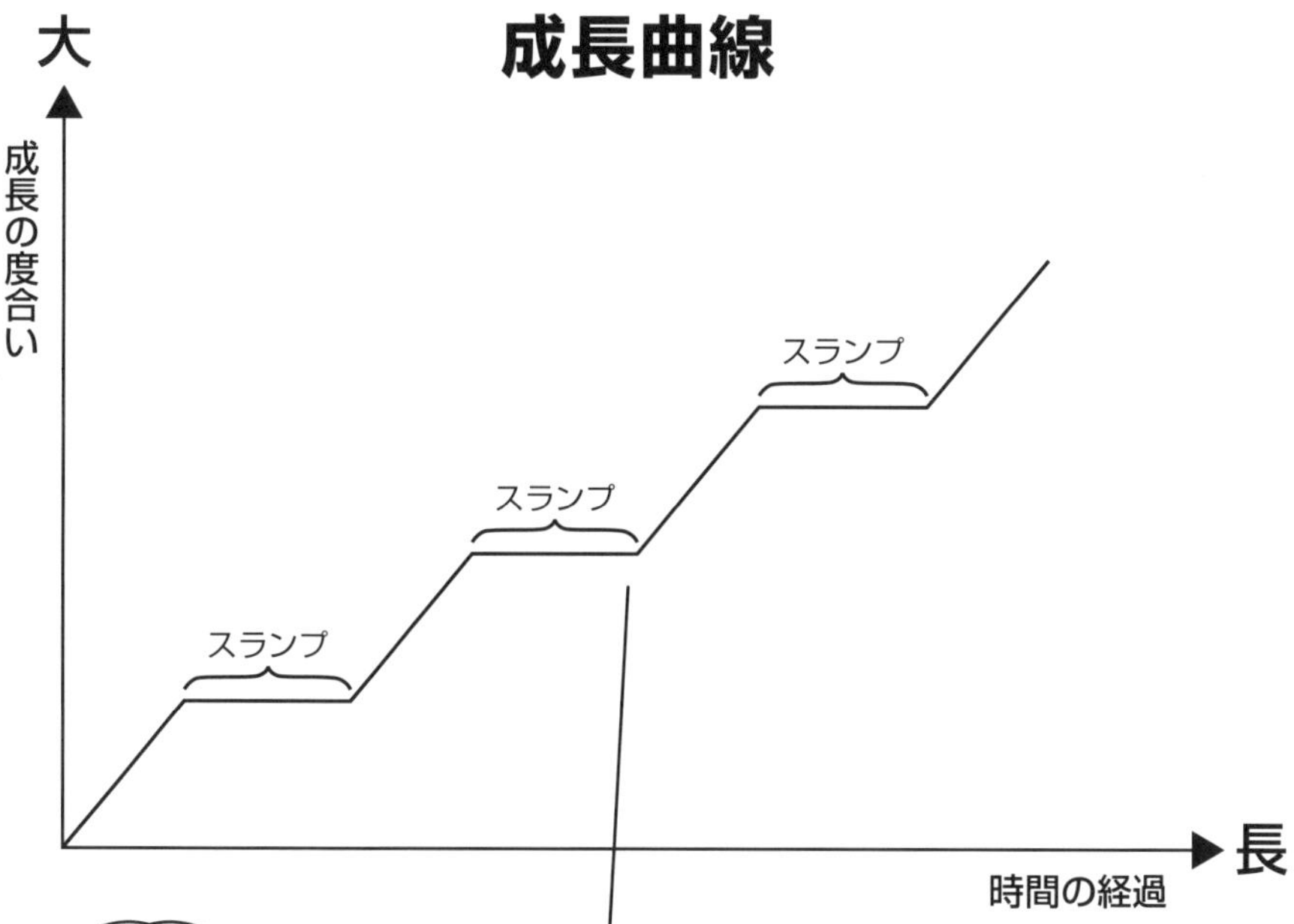
成長曲線
大
成長の度合い
スランプ
スランプ
スランプ
長
時間の経過

いまは
ここなんだ
よおし！
18

■だれにでも成長曲線に見られるような成長の過程があることを知っていれば、スランプ状態を冷静にとらえることができ、乗り越えていける

指導のコツ

成長曲線の話は、スランプ状態になったときにしてももちろん効果はあるが、できればスランプに陥る前にしておくとよい。そうすることで目標達成のプロセスに対する覚悟が芽生える。

成長曲線を取り入れた指導のコツ

新しい試みに伴う違和感

新しい試みが継続しない……

「『さあ、やるぞ』と取り組んでもなかなか続かない。継続するためにはどうしたらいいのか」という相談を指導者の方から受けることがあります。いままでやらなかった新しいことをするということは、習慣を変えることと同じです。これは大変な違和感を伴います。しかし逆に言えば、新しい試みは違和感を感じてあたりまえで、その違和感をどう乗り越えるかがポイントになってくるわけです。

違和感にどう対処するか

新しい試みに伴う違和感は、説明してもなかなか頭で理解できるものではありません。

しかし、簡単な体験を組み合わせることで、身体で理解することができます。次のようなメントレ体験を実践指導しておくと、現実の場面で違和感を感じたときに、続けるのか止めて元に戻ってしまうのかということを自分で選んで、覚悟を決められるようになります。

私はこのメントレ体験を学びのまとめのときによく使います。何かを学ぶとそれを試してみようと思いますが、思うだけでは学びは身にならないのです。試そう、変えようと思っているときに、このメントレ体験を行うことで、違和感に対処できるようになります。

習慣獲得のプロセス

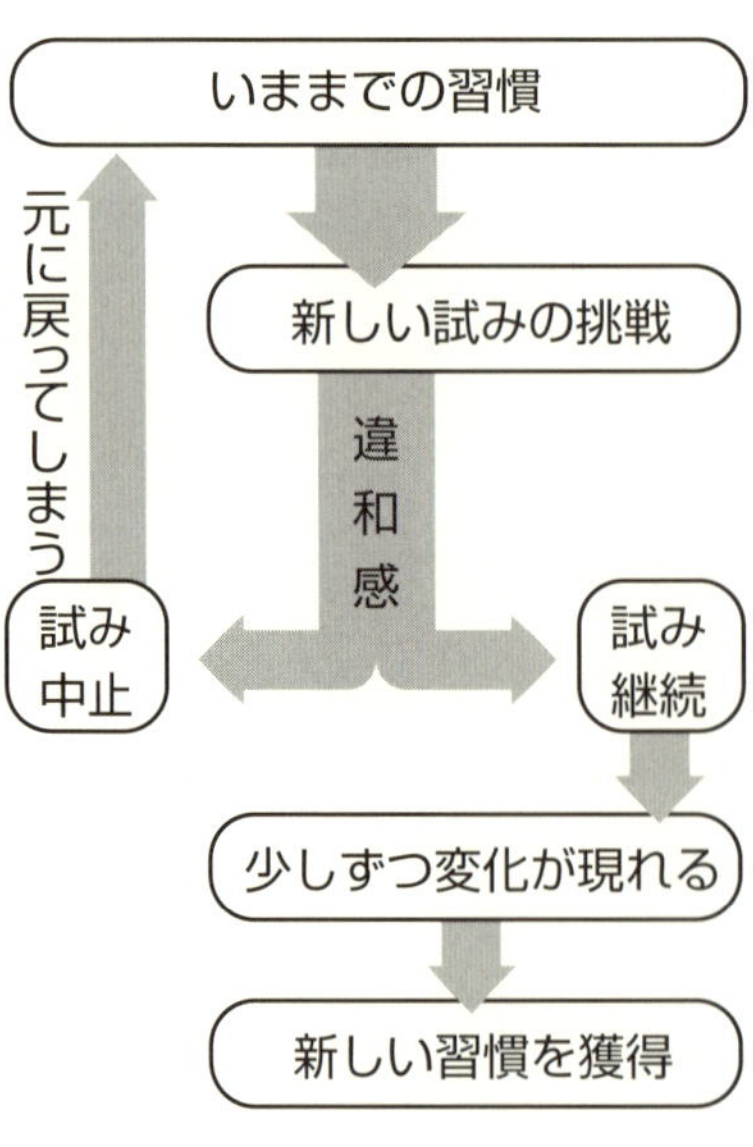
いままでの習慣
元に戻ってしまう
新しい試みの挑戦
違和感
試み中止
試み継続
少しずつ変化が現れる
新しい習慣を獲得

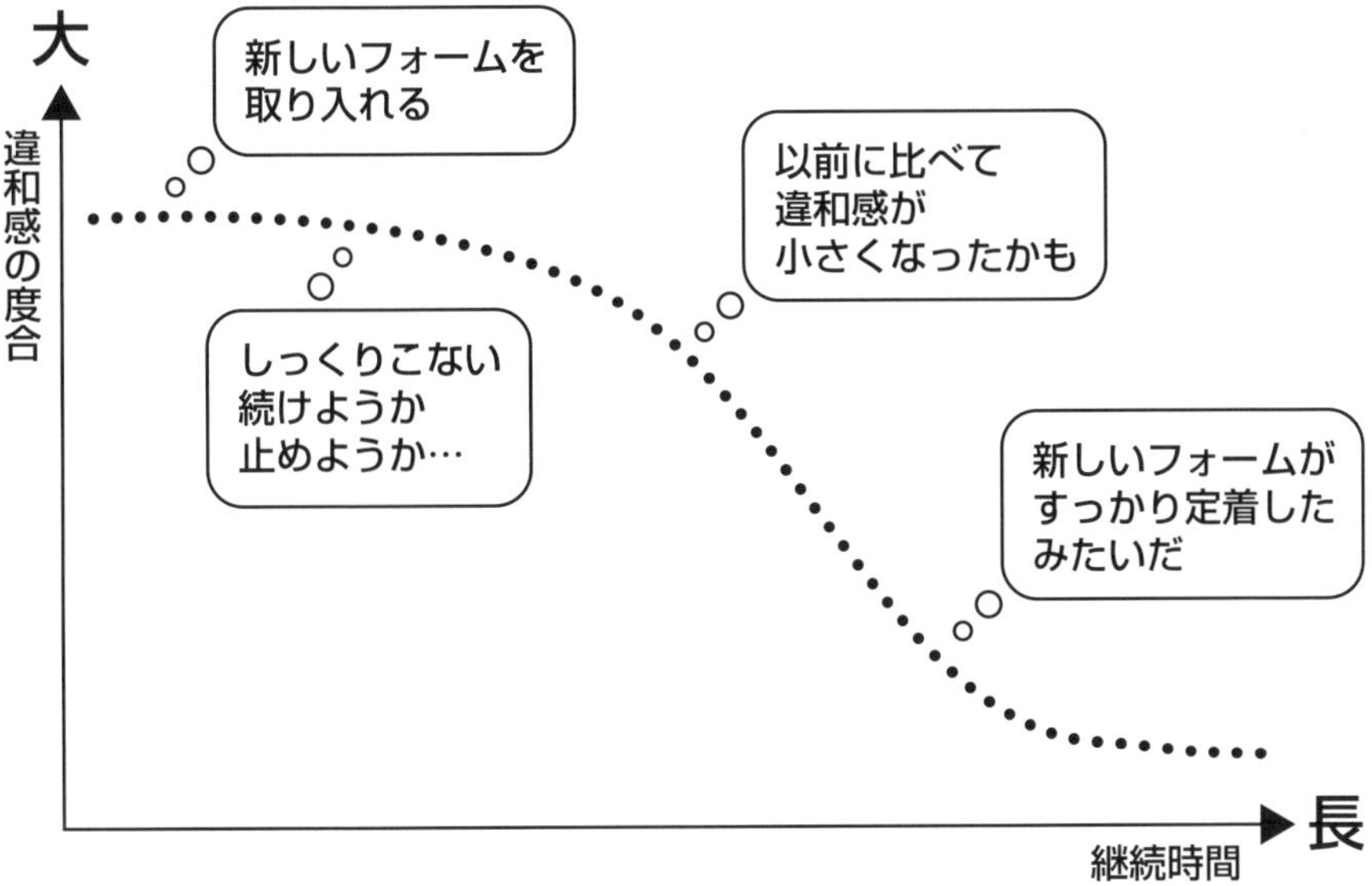
大
違和感の度合
長
継続時間
新しいフォームを取り入れる
しっくりこない 続けようか 止めようか…
以前に比べて 違和感が 小さくなったかも
新しいフォームが すっかり定着した みたいだ

新しい取り組みに対する違和感の変化

違和感を体験し覚悟を決めるメントレ体験

❶手を組み合わせてみる。どちらの親指が上になっているかを確認する。

❷次に、①と逆の親指が上になるように組みかえる。最初のときとどのように感じ方が違うかを比べる。

※❶の組み方に比べ、❷の組み方は違和感を感じると思います。

❸また、①の組み方に戻す。違和感がないことを確認する。

❹何回も交互に組みかえていく。しばらく組みかえたあと、違和感を感じていたほうの組み方で、さきほどと違和感がどのように変化しているかを感じてみる。

❺「習慣を変えるということは、このように違和感を感じることでもあります。違和感を感じたからといって元に戻してしまうと、習慣を変えることはできません。違和感を感じながらも、挑戦しつづけることが大切なのです」とまとめる。

緊張感と心の声

緊張したとき心のなかは？

緊張はだれもが経験しますが、緊張したときにどう対処したらいいのか知っている人は少ないと思います。

しかし、緊張したときの対処法を知ることは、自分の心をセルフコントロールすることに役立ち、緊張を和らげることができるという安心感は、緊張しても実力が出せるという自分への自信につながるのです。

ですから、緊張のメカニズムと対処法を学び、これを身につけることは心の成長の大切な要素といえます。

では、どんなときに緊張するのでしょうか。まず、緊張したシーンを思い出して、そのとき心のなかで何が起こっているのかを観察していきます。声にならない心の声が、何とつぶやいているのか耳を傾けてください。

「ミスしたらどうしよう」「打てるかな」「捕れるかな」などというように、不安で弱々しい声が聞こえてくるはずです。その声を紙に書き出して眺めてみます。

マイナスをプラスに切りかえる

自分の気づいていなかった心の声が、自分の心を占領し緊張を引き起こしていることに気がついたら、今度は同じシーンでマイナスの心の言葉を、プラスに変化させるとしたらどのように変化できるのか想像しながら書いていきます。

こうして、見えない心の声を見える文字に表して、気持ちを意識的にマイナスからプラスに切りかえながら、同じシーンをイメージして、今度は身体で感じてみましょう。

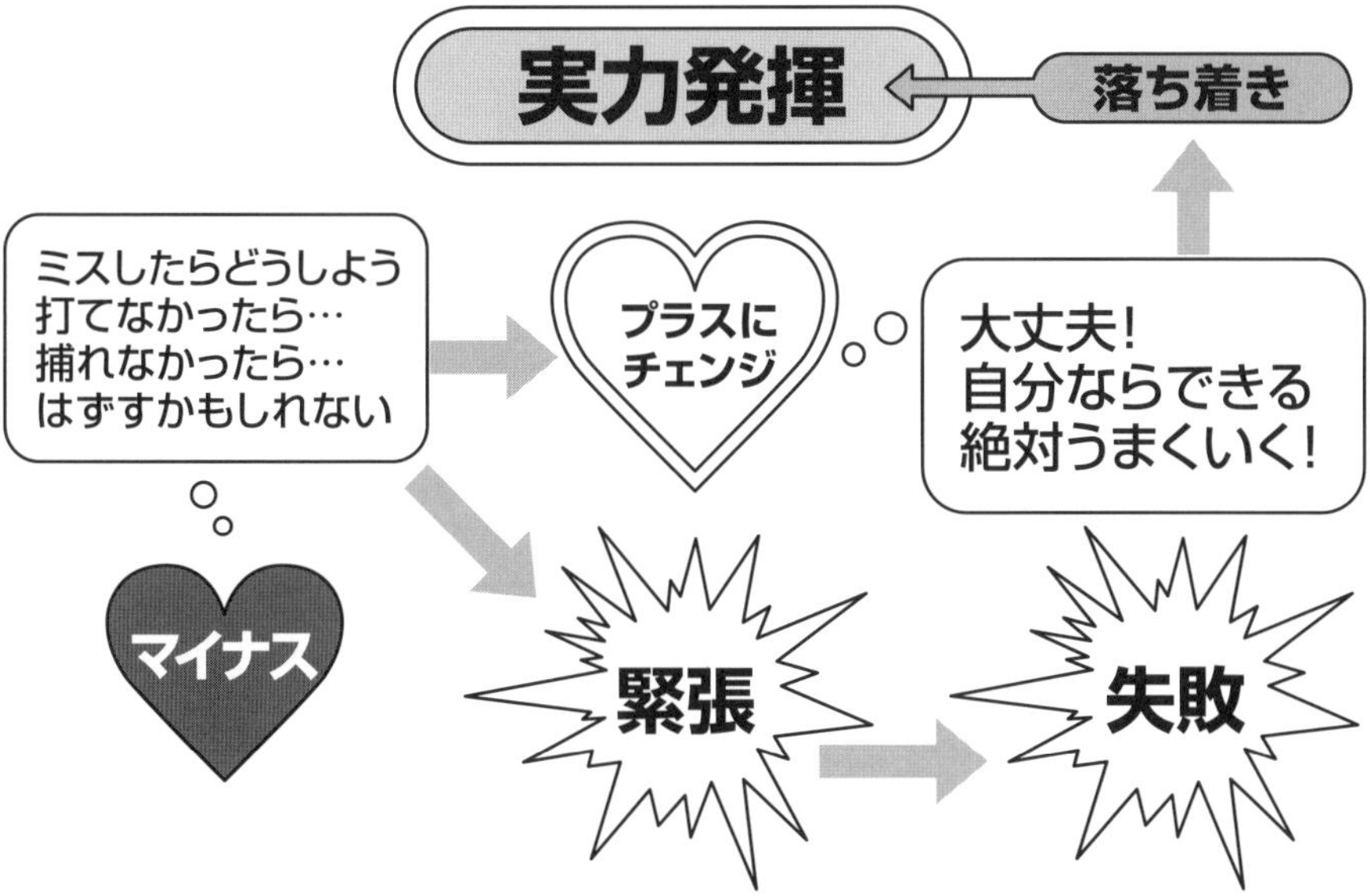
実力発揮
落ち着き
ミスしたらどうしよう
打てなかったら…
捕れなかったら…
はずすかもしれない
プラスに
チェンジ
大丈夫!
自分ならできる
絶対うまくいく!
マイナス
緊張
失敗

マイナスの声をプラスの声に切りかえると…

心の声をプラスに変えるメントレ体験

❶緊張したシーンを思い出し、心のなかの声を紙に書き出していく。

❷書き出した内容を何人かに発表してもらい、板書しながら、内容を全員で共有していく。

❸書き出した言葉の共通点として、緊張したとき心のなかの声がマイナスの言葉に傾いていることを理解する。

❹板書されたマイナスの言葉をプラスの言葉に変換するとしたらどんな言葉に変えられるか、一つずつ各自考えてみる。考えたものを何人かに発表してもらい、マイナスの言葉の横に書き出していく。

❺マイナスのことを考えてしまったとき、プラスの言葉に変化させると、身体にどんな変化が表れるかを感じてみる。感じた内容を語り合いシェアリングする。

❻緊張したときは自分の意識でマイナスをプラスに変換させ緊張を和らげることができることをまとめとして伝える。

プラスの言葉が出す力

言葉でパワーも変化する

心のなかのマイナスの声をプラスに変化させると、緊張感が消えて落ち着くだけではなく、身体のパワーもプラスに変化します。

「百聞は一見に如かず」を、以下に紹介する「スペシウム光線の実験」を使って、生徒たちと一緒に体験してみてください。

これは気功を応用した内容のプログラムですが、プラスの言葉とマイナスの言葉が身体に与える影響について、不思議な発見ができるでしょう。

私は、よくこの実験を生徒たちと一緒に体験します。驚きと同時に、「強くなるためには、言葉も重要な要素の一つとなる」という学びを提供できるからです。この実験の効果は、言葉による説明以上のものがあります。

この実験は、小学生から大人まで年齢を問わず楽しみながら体験できますので、さまざまな指導の場で使うことができます。

スペシウム光線の実験　第一ステップ

❶二人一組になる。一人が腕に力を入れて、もう一人は両手でその力の入った腕を押し、力の入り具合を確認する。

❷今度は、腕に力を入れるのではなく、手の先から光線が出ていることをイメージする。もう一人は、さきほどと同様に相手の腕を押し、力の具合を確認する。

❸腕に力を入れたときと、手の先から光線が出ているときのどちらが、より力が発揮されていたかということを、ペアで話し合う。

❹話し合った内容を全体でシェアリングする。

※実験がうまくいけば、力を入れたときよりも、手の先から光線が出ていたことをイメージしたときのほうが、力が出ていたことを確認できます。

プラスの言葉では最大のパワーが発揮できるが、マイナスの言葉ではパワーが半減し、実力も十分発揮できない。

スペシウム光線の実験　第二ステップ

❺今度は「だめかもしれない」「どうしよう」などマイナスの言葉を言いながら、光線が出ているところを再びイメージして、さきほどと同様に力の入り具合を確認する。

❻次に、今度は「大丈夫」「打てる」「できる」などプラスの言葉を言いながら、光線が出ているところをイメージして、同様に力の入り具合を確認する。

❼マイナスの言葉を言ったときと、プラスの言葉を言ったときとで、力の入り具合がどのように違ったのかをペアで話し合う。

❽話し合った内容を全体でシェアリングする。

❾実験の内容をまとめる。

※実験がうまくいけば、プラスの言葉を言うと力が発揮でき、マイナスの言葉を言うと力が弱まることを確認できます。以上二つのステップで、本人の心の言葉でパワーが変化することがわかったと思います。

呼吸法とセルフコントロール

心とリンクする呼吸

呼吸に意識を集中させて、気持ちをコントロールしたことはあるでしょうか。

ふだんはあまり意識しない呼吸ですが、実は呼吸と心は密接につながっています。

緊張したシーンを頭に思い描いてみてください。緊張したところをイメージしながら呼吸に意識を向けていくと、呼吸はどうなっていくでしょうか。

おそらく呼吸が浅く速くなっているか、あるいは一瞬止まっているのに気づくと思います。

反対にリラックスした状態をイメージしたときはどうでしょうか。

この場合は、呼吸が深く大きくゆっくりとなっているのに気がつくと思います。

緊張を和らげる呼吸法

呼吸と心が深く結びついているということは、つまり、呼吸法によって心をセルフコントロールすることができるということです。

呼吸をゆっくり大きくしながら身体をリラックスさせているとき、同時に身体を緊張させることはできません。

逆に、呼吸を浅く速くしながらリラックスすることはできません。

このことからわかるように、緊張して浅く速くなった呼吸を、意識的にゆっくり大きくすることで、緊張を和らげ、心と身体を落ち着いた状態にすることができます。

何かと緊張しがちな本番でもこの方法を使うことができるように、日ごろから練習しておくといいでしょう。ここぞというときに、呼吸を使ってうまく心をコントロールすることができるようになります。

この方法は、試合だけにかぎらず、緊張を伴う場面なら同様に効果を発揮します。

緊張したときは、ゆっくり深い呼吸を思い出そう

心をコントロールする呼吸法

❶緊張したシーンを想像する。そのとき呼吸がどうなっているか確認する。

❷リラックスしたシーン（南の島の海岸で、青空のもと、のんびり横になっている）を想像する。そのとき呼吸がどうなっているか確認する。この呼吸の感覚をよく身体で覚えておく。

❸リラックスしたときの呼吸を繰り返し何度も行い、身体に記憶させる。

❹次に、また緊張したシーンを想像する。そして、さきほど繰り返したリラックスしたときの呼吸法を行ってみる。緊張した心が、どのように変化するのかを感じてみる。

❺④を何度か繰り返し行う。

❻③と④を毎日5分間ずつ行う。

❼試合やその他の緊張したシーンで、リラックスした呼吸法を使って落ち着いてみる。

※日ごろから大きくゆっくり呼吸するトレーニングをしていくと、少しのことでは動じないようになります。

「センタリング」による集中法

集中を邪魔するもの

集中を妨げるのは「後悔」と「不安」です。

「後悔」とは、「いまのプレーはこうすればよかった」というようなミスしたことへのこだわりで、「いま・ここ」に集中できない状態を引き起こします。

「不安」とは、「ミスしてしまうのではないか」「いいプレーができないかもしれない」というような未来の出来事に関する迷いです。

どちらにしても、「いま・ここ」から心が離れて、空想の世界に入ってしまうのために、集中が途切れてしまうのです。

では、「集中が途切れたな」と思ったらどうすればいいのでしょうか。

そんなとき、いくら「集中しなければ」と心で思っても、集中力はそう簡単に回復しません。集中したければ、後悔や不安から解き放たれて、「いま・ここ」に戻ってこなければなりません。

「いま・ここ」に集中するセンタリング

「いま・ここ」に集中する方法はいくつかあります。前項で紹介しましたが、呼吸に集中していくことで、後悔や不安を解消することもできます。

もう一つ、効果的な方法が「センタリング」です。センタリングは気功法の一種で、後悔や不安に振り回される心を「いま・ここ」に戻し、最大限の力を発揮する方法です。

これは身体の中心を意識することで、集中が妨げられてどこかフワフワと浮ついて緊張した状態から抜け出して、落ち着きを取り戻すのに役立ちます。

ふだんからセンタリングが自在に使えるようにマスターしておけば、いかなる種目やシーンにおいても集中力を増すことができます。精神面の重心がしっかりし、力まずに最大限のプレーをするのに役立ちます。

自分はダメだ
あのときミスをしなければ
失敗したらあとがない
不安

過去への後悔、未来への不安が、
意識の集中を妨げる

全意識
安心

身体のセンターを意識することで
“いま・ここ”に集中できる

集中力が途切れたら身体のセンターを意識しよう

集中力をつけるセンタリング

❶二人一組のペアをつくる。

❷一人が肩幅に足を開いてまっすぐに立ち、もう一人が相手の両肩のあたりを軽く押してみて、身体がどのように揺れるのか確かめる。

❸次に、立っている人は、おへそから指三本分下がった高さの身体の中心点を意識する。もう一人は、さきほどと同様に押して、身体のブレの違いを感じてみる。

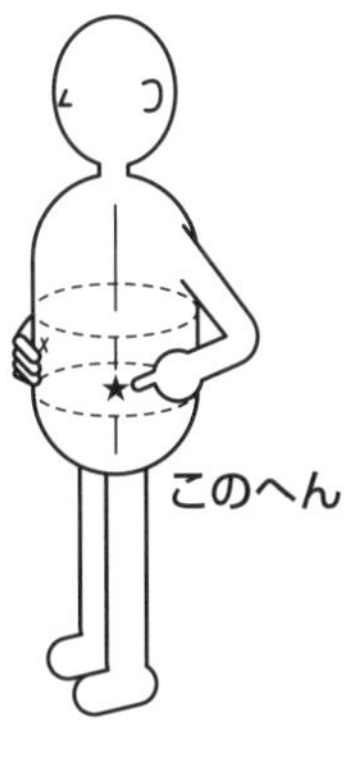
このへん

❹ペアで、この違いを話し合ってみる。

❺ペアの役割を交代して行う。

※センタリングがうまくいけば、押しても身体が揺れたりぐらつくことはありません。

成功を導くイメージ利用法

イメージで予行練習

イメージトレーニングという言葉は聞いたことがあると思います。

しかし、実際にイメージトレーニングを効果的に活用している人は、まだ少ないのではないでしょうか。

イメージの力を借りると、さまざまな効果をもたらしてくれるようになりますが、その使い方はいろいろです。

ここでは、試合で自分の望む結果を得るために、前もって試合の様子をイメージのなかでシミュレーション（予行練習）しておく方法をおすすめします。

これは、よいイメージを自分の身体にしっかり刻んでおくことで、本番でもそのイメージに合った行動が取りやすくなり、落ち着いてプレーできるようになるという効果をもたらします。

イメージは現実になる

イメージで予行練習した出来事は、現実の場面につながります。

実際に試してもらった選手たちも、多くのことを実証してくれました。

「『打てる』と思って打っている自分をイメージしたら、ほんとうに打てるようになった」とか、「試合で落ち着いてプレーしている自分をイメージしたら、ほんとうに落ち着いてプレーできるようになった」というように、多くの選手がイメージトレーニングの効果を実感しています。

ただし、初めのうちは自分のなかでイメージをふくらませることがむずかしいので、指導者が誘導して試合場面の順を追ってイメージさせるといいでしょう。

それができたら、今度は、試合当日の目覚めるところからイメージし、それを書き出していくようにします。

試合まで
あと
5日
フムフム
試合のシナリオ
ぼくの試合予想ドラマ
第1話
試合の朝に
キャスト
ぼく

次に臨む試合のイメージをどれだけ描けるかがカギ

試合のイメージトレーニング

❶次の試合、もしくは自分が目標としている試合を想定する。

❷試合場に着いたところや、試合場での練習の様子、試合の始まる瞬間から試合中の自分のプレーや心の動きなど、順を追いながら詳細に頭のなかで描写していく。そのときの自分になりきって、何度も何度も繰り返しイメージする。

❸マイナスの要素が浮かんできたらイメージをストップして、マイナスの要素を乗り越えてプラスのイメージに変えるようにしながらイメージを繰り返す。

❹イメージが固まったら、試合当日の出来事を、朝起きたところから紙に書き出してみる。何時に起きて、どんなふうに準備をして、どのように家を出て試合場に向かうのか、着いたらまず何をして、どんなことを考えながらウォーミングアップするのかを含め、試合中の描写まで書き出していく。

演じるイメージトレーニング

理想の選手の詳細を再現

自分のプレーの幅を広げたいと思ったら、イメージの力を借りることが、いちばんの近道です。「こんなプレーができるようになりたいな」「こうなりたいな」と思ったら、それができている選手を詳細にイメージして、その人になりきってすべてを演じてみるのです。

顔つきや表情、立ち方、歩き方、しぐさや振る舞い、話し方や考え方、心構えまでをその人だったらどうするだろうとイメージをふくらませて、そのとおりに行動してみます。

そうすることで、その人のイメージが自分のイメージとして取り込まれていき、その人に近いプレーまでできるようになっていきます。

自分にはないものを演じる効果

初めは自分の憧れている選手を一人決めて、その人をとことん演じてみることからやってみましょう。

演じることに慣れてきたら、演じる選手をいろいろ変えていきます。

そのとき、自分とタイプの違う選手をまねていくことで、自分のプレーの幅をよりいっそう広げていくことができるようになります。

例えば、自分の弱い部分を克服しようと思ったら、その部分の強い選手をイメージすればいいわけです。

体力がなかったら体力がありそうな選手をイメージし、精神的な強さが欲しかったら、精神的に強そうな選手をイメージしていきます。

もちろんイメージトレーニングに加えて、その能力を高めるためのトレーニングを行う必要がありますが、イメージをするのとしないのとでは、生徒の変化の内容が大きく変わってくるのです。

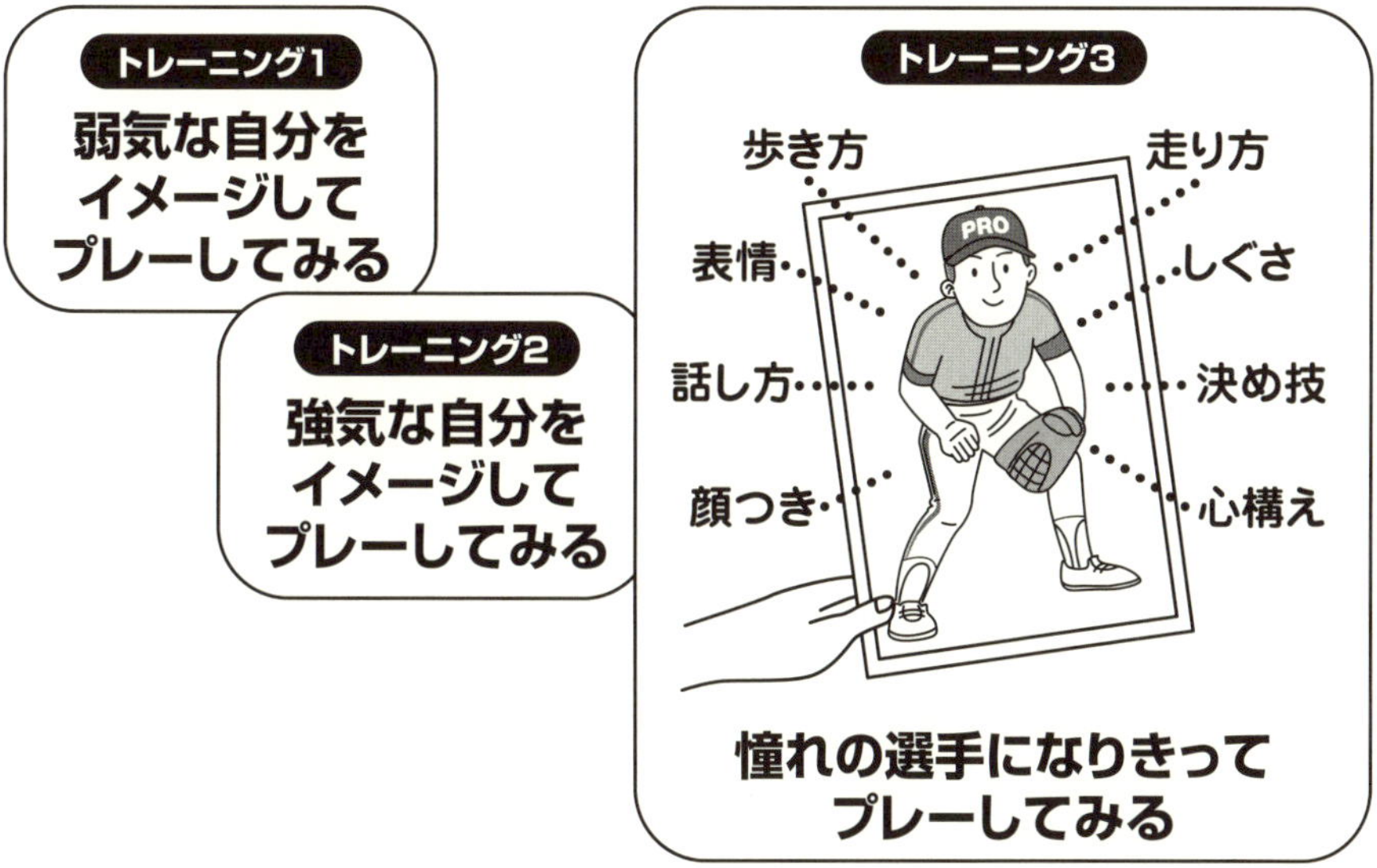
トレーニング1
弱気な自分を
イメージして
プレーしてみる
トレーニング2
強気な自分を
イメージして
プレーしてみる
トレーニング3
歩き方
走り方
表情
しぐさ
話し方
決め技
顔つき
心構え
PRO
憧れの選手になりきって
プレーしてみる

演じるイメージトレーニング

❶自分が強くなったつもりで表情を作り、そのときの気持ちで歩いてみる。

❷次に自分が弱くなったつもりで表情を作り、そのときの気持ちで歩いてみる。

❸二つの違いはどのようなものかを自分で確かめる。表情や態度は、自分の内面やプレーにも大きく影響することを感じ取る。

❹今度は、目標とする選手を一人選び、その選手のどんな能力を自分のものにしたいのか考える。

❺その選手の、表情、顔つき、しぐさ、行動、性格、考え方、心構えなどを一つ一つ想像してみる。十分イメージがふくらんだら、その選手になったつもりで、歩いてみたり構えてみたりと行動に移してみる。

❻イメージを演じることで、自分の幅を広げることにつながることを確認する。

ピンチをチャンスに変える

ピンチはチャンス

ピンチに陥ったとき、さらにピンチを増幅して失敗してしまう人と、ピンチをチャンスに変えられる人と二通りに分けられます。

いま指導している生徒たちはどちらのタイプでしょうか。

どんな人でもピンチに見舞われることはありますが、それがほんとうのピンチになってしまうのか、チャンスに転じるのかの違いは非常に大きく、試合結果も左右します。

生徒たちからは、「ピンチで実力を発揮できる自分になりたい」という声が非常に多く聞かれます。

また、「チャンスの場面でもあがってしまうので実力を発揮できるようになりたい」という声も同じように多くあがります。

それでは、いったいどうすればピンチやチャンスの場面で実力を発揮できるのでしょう。

ピンチから学ぶこと

ピンチに陥ったときに大切なことは、「これはチャンスだ！　このピンチは、自分に何を伝えようとしているのか」と自分に問いかけることです。

ピンチを状況を変えるきっかけとしてとらえ、チャンスに切りかえていくことがポイントです。

ミスをしたのなら、もっと集中することが必要なのかもしれませんし、試合に負けたのなら、それをバネにしてもっとがんばったほうがいいというシグナルなのかもしれません。

ピンチをピンチのままに終わらせず、チャンスに切りかえられるシグナルだと捉えることができると、ピンチに見舞われたとき、うまく対応できます。

まずは、ピンチに陥った状況を例としてあげ、そこから何を学ぶべきかを考えることから始めましょう。

ピンチ

試合でエラーした

チャンス

「気持ちを切りかえるサインだ！これから挽回だ！」

「呼吸法を使って落ち着けというメッセージだ」

「試合の流れを変えるチャンスだ。自分の活躍でこの分を取り返してやる！」

「これでつきものは落ちた！これからはもう大丈夫だ」

ピンチ

緊張して硬くなっている

チャンス

「適度な緊張感は必要だ。緊張の場面に強い自分になるチャンスだ」

「集中力を高めるチャンスだ！どれだけボールに集中できるか挑戦してみよう！」

「相手だって緊張しているはず。これはピンチではなく攻めるチャンスなんだ！」

「どんな選手だって緊張する。だからこの緊張を味方につけて慎重にいくぞ！」

ピンチ

試合に負けた

チャンス

「いまよりもっともっと自分を強くするための絶好の機会なんだ」

「自分の精神力の弱い部分に気づかせてくれた。心を鍛えて克服しよう！」

「試合のための準備がたりなかったのかもしれない。次回は入念に準備しよう」


陥りそうなピンチの場面を提示し、その場面で何を学ぶべきか、どのようにチャンスに切りかえるかを具体的に考えさせる。

振り返りシート

名前

☆このメンタルトレーニングで得たいと思っているもの（Wants）

☆目標達成のために今日学んだこと、学び直したこと、質問したいこと

☆これからの練習に生かしたいこと

☆感想

第4章 実践プログラム

加藤史子

この章では、プログラムの紹介をします。最初に室内で90分程度まとまった体験をすると、効果的に理解できるようになっていきます。自分たちのチームの状況をみてまとまった時間をとったり、一つ一つ必要な部分を練習の中で15分程度組み入れて繰り返し行うこともできます。

やる気を引き出す

◉プログラムのねらいと設定理由

目標が他人から与えられた切迫感のないものだと、毎日の練習に対するやる気が湧いてきません。やる気を引き出すためには、自分のなかに自分なりの目標を見つけることが必要です。

そこで自分がほんとうに達成したい目標を自分のなかに見つけるためのプログラムを計画しました。

◉資料

・生徒用ワークシート「いまの自分を知る5つの質問」（50・51ページ）
・生徒用振り返りシート（84ページ）

◉プログラムの工夫

・身体を使った実験を通して、目標をもって行動することと目標をもたずに行動することの結果の違いを体感できるようにします。
・目標をもつ大切さを感じ取れたら、「五つの質問」を使って自分がほんとうに願っている目標を見つけていくようにしました。

◉成果を見取る観点

・「今後自分は目標をもって練習に取り組みたい」という気持ちが芽生えたかどうか。

◉実践例にみる生徒たちの変化

〔成果の表れ〕
・「これからの自分はどうするのか」という問いかけに、「目標をもって取り組みたい」という発言が多くありました。身体を使って理解を深めたので、頭だけでなく心に届いたことがうかがえます。

〔試行錯誤の様子〕
・自分のよい点をあげることに抵抗のある生徒が多かったようです。いっぽう直したい点はたくさんあげられていました。これまで見えていなかった自分の現在地を確認し直して、目標が見つり、いま何をしたらいいのかがわかってきたようです。

〔その後の行動に表れた変化〕
・自分の目標ができたので、目標を達成したくなってやる気が向上し、練習が楽しくなったり、行動に変化が表れた生徒が多くいました。

やる気を引き出す ………………………………… ※36～51ページを使う

	学習活動と生徒の様子	ポイントと留意点
導入	**①本時のねらいを簡単に説明する。** 「今日は心が部活にどのように影響しているのかを学んでいきたいと思います」 **②手を振る実験** ・２人組になり，１人が「振りたくないけど振らなくてはいけない」と思いながら手を振る。もう１人はその手を持って振り方を感じる。 ・次に今度は「振りたい」と思いながら，手を振ってみる。 ・２つの振りを比べてその違いを感じてみる。 ・役割を交代して行う。 ・自分はいままでどちらの気持ちで練習に取り組んできたのかを振り返る。 **③歩く実験** ・１人が５m程度歩き，もう１人が途中で手を出して止める。 ・次に今度は「歩くさきに自分の希望があることをイメージして」同じように歩き，もう１人は同じように止めてみる。 ・２つの歩きを比べてその違いを感じてみる。 ・役割を交代して行う。 **④２つの実験からわかること** ・自分の目標をもって，したいと思って練習するのと，目標をもたずにしょうがないから練習するのとでは練習の質や効果にも違いが出ることを確認する。 ・今後，自分はどちらの取り組みをしたいのか，自分で選ぶ。	・２人ずつのペアを作る。 ・自分たちの身体で違いを感じてみる。 ・実験から今後どうしていきたいのかを自分で選ぶ。
展開	**⑤自分の目標を見つける５つの質問** 「目標をもって取り組むことが大切であるとわかったところで，自分の目標を見つけていきましょう」 「自分の目標を見つけられる５つの質問を用意したので，みんなでやってみましょう」 Ｑ１．いまの自分はどんな自分（技術，体力，精神面） Ｑ２．自分のよいところは（技術，体力，精神面） Ｑ３．自分の改善したいところは Ｑ４．何でも叶うとしたらどんな選手になりたい Ｑ５．ほんとうに欲しいものは	・ワークシートを使い，１つずつみんなで進めていく。 ・１つの質問に３～４分とって質問に対してそれぞれがワークシートに記入し，自分が書いた内容を見ながら内省し，１つずつ意味を伝えていく。
まとめ	**⑥活動を振り返る** ・今日学んだことを振り返り，要点を整理し，自分は今後どうしていきたいのか各自に問いかける。 **⑦本時の活動を振り返る**（振り返りシートを記入する）	

目標に向かって行動を起こす

◉プログラムのねらいと設定理由

目標をもってもなかなか行動に結びつかないことが多いものです。「目標に向かって具体的に何ができるのか」を自分で考えて、行動に移すことができるように援助したいと思いました。

◉資料

・生徒用ワークシート（ウェビング用紙53ページ）
・生徒用ワークシート（プロジェクト企画書60ページ・プロジェクトスケジュール61ページ）

◉プログラムの工夫

・前回のプログラムで心の重要性を認識し、自分の得たいものがわかったことを踏まえて、それを実現するには具体的にどのように行動すればいいのかを自分のなかから見つけられるように導きます。

◉成果を見取る観点

・自分で立てた行動計画は、実行できそうかどうか。

◉実践例にみる生徒たちの変化

・ウェビングでは、二十分間にわたり紙いっぱいになるまで浮かんできたことをどんどん書きつづけていました。やったほうがよいと思うことが、自分のなかからどんどん湧いてくるようです。
・最初はプロジェクトの計画を立てるのがむずかしいようでした。しかしねばり強く取り組んで完成すると、それをすることが自分にどのように意味をもつのか確認できたようでした。練習の意味を自分たちで考えるいい機会になったようです。

◉参考文献

・『総合的な学習を楽しむコツ』上杉賢士著（明治図書・二〇〇二年刊）

目標に向かって行動を起こす …… ※52～61，66～69ページを使う

	学習活動と生徒の様子	ポイントと留意点
導入	**①本時のねらいを簡単に説明する。** 「前回は自分の目標をそれぞれ見つけました。今回はどうやったら自分なりのオンリーワンの目標を手にしていくことができるのかを具体的にしていきたいと思います」	
展開	**①ウェビング** ・「なりたい自分」を中央に書く。「５つの質問」で自分が考えたほんとうに手に入れたい自分になるために，自分ができることをどんどん用紙に記入していく。記入したことを丸で囲んで線でつなぎ，次々に思いついたことを書いていく。 ・手が止まったら最初に戻って，なりたい自分になるために違う面でできることを書いていく。 ・十分に書けたら自分で書いた内容を眺める。 ・そのなかでいちばん力を入れたいものを選ぶ。 **②夢実現プロジェクト** ・ウェビングで出てきたものを受けて，夢を実現するためのプロジェクトをそれぞれで立てていく。 **③プロジェクトスケジュール** ・プロジェクトを実現するためのスケジュールを立てる。 （生徒は初めて自分のプロジェクトを作るので，指導者はなかなか進まない生徒の援助を行う）	・生徒用ワークシートを配り，ウェビングのやり方を説明する。やり方を理解したところで，時間を15～20分とって各自にやってもらう。 ・生徒用プロジェクト用紙を配り，記入の仕方を説明する。 ・スケジュール用紙を配り，各自が具体的行動計画を立てていく。 ・時間内に終わらない場合には，宿題にする。
まとめ	**④まとめ** ・自分の目標を達成するための方法は，自分のなかにすでにあるということを確認する。 ・強くなる選手は行動できる選手，強くなれない選手はやろうと思いながら行動しない選手であること，やるかやらないかは自分次第であることを伝える。 ・プロジェクトは目標を確認しながら常に軌道修正することが必要であることを伝える。 ・成長曲線を使った「スランプの乗り越え方」 ・「違和感を体験し覚悟を決めるメントレ体験」で，習慣を変えることは違和感を伴うものであること，それでもやりつづけることで新しい習慣が身につくことを伝える。 **⑤本時の活動を振り返る**（振り返りシートを記入する）	・本時の活動の意味をまとめ確認する。 ・スランプはだれにでもあるものなので，そのスランプで止めてしまうか，乗り越えるかは自分が決めることだということを確認する。

プラス思考で心を強く

◉プログラムのねらいと設定理由

「がんばりたい」と思っても、「そんなのは無理」とか、「できるわけない」という自分のなかの声が邪魔をして、前に進めなかったり、ここぞというときに実力が出せない生徒は意外と多いものです。

このような状況を打破し、自分の可能性をもっと信じられるような思考パターンを身につけてほしいと思い、このメンタルトレーニングを計画しました。

◉資料

・生徒用ワークシート（94ページ）
・生徒用振り返りシート（84ページ）

◉プログラムの工夫

・自分のふだんの思考パターン（思考の癖）に気づき、思考を変化させることで、自分にどのような影響が現れるかを体感できるようにしました。
・人には思考をプラスに変化させる力があることを伝えるため、自分で変化させることを促しました。

◉成果を見取る観点

・プラスの言葉を自分も使っていきたいと思ったかどうか。

◉実践例にみる生徒たちの変化

・「以前は試合で緊張して実力が出せなかったが、心のなかの声をマイナスからプラスに変化させるだけで、緊張していても緊張が和らいで、力まずに実力を発揮できるようになった」という生徒が多く見られました。
・試合だけでなく日常のあらゆる場面で緊張しなくなり、自分の意見を人前で発言できるようになったり、テストでも力が出せるようになった生徒が多く見られました。
・プラスの言葉を自ら作り出す経験が役立ち、判断力が向上したという生徒がいました。
・「マイナス思考が邪魔しなくなったので、集中できるようになった」と言う生徒が多かったです。
・いままではとっさに悪いことをしてしまっていたが、同じような場面で「してはいけない」という声が聞こえてくるようになった生徒もいました。

プラス思考で心を強く …………………………… ※70〜73ページを使う

	学習活動と生徒の様子	ポイントと留意点
導入	**①本時のねらいを説明する。** 「試合でも緊張せずに実力を発揮できるように，心の部分から学んでみたいと思います」	・自分が緊張せず実力を出したいという気持ちに焦点を合わせる。
展開	**②いままでの試合を振り返って，どんなとき緊張するのか各自紙に書き出してみる。** **③書き出したものを発表してもらい，それを受けて心の声がマイナスのとき緊張することを伝える。** ［状況］ ⇒ ［心の声］ ⇒ ［身体症状］ **④同じ状況で，それらのマイナスの声をどのようにプラスに変化できるかをみんなで考えてみる。** ［マイナスの言葉］ ⇒ ［プラスの言葉］ **⑤気功法を使って，マイナスの言葉を言ったとき，自分の身体がどのような状態に変化するかを体験する。** ・２人組になり，まず１人が腕に力を入れてもう１人はそれを押して力を確かめる。 ・次に今度は力を入れるのではなく指の先から光線が出ていることをイメージし，もう１人はその腕を押して力を確かめる。（力を入れるよりも光線をイメージしたほうがパワーが出る） ・２つの力の違いを確認したら，今度は光線をイメージしながらマイナスの言葉を言って力の具合を確かめる。（力は弱まっている） ・今度は同じようにプラスの言葉で確かめる。（力は戻っている） **⑥また，同じようにプラスの言葉を言ったときは，マイナスの言葉を言ったときに比べてどのように身体が変化するかをみんなに確認する。**	・どのように振り返るか具体例を示す。 ・何人かに発表してもらい，板書しながら共通認識を深める。 ・板書したものを使って１つずつみんなで考えてみる。 ・頭で理解したことを身体を使って確かめてみる。 ・２人組になって実験する。 ・実験でそれぞれが違いを感じられたかを聞いてみる。うまくできなかったペアには指導者がもう一度一緒に体験してフォローを行う。
まとめ	**⑦まとめ** ・心の状態は，心の声がマイナスかプラスかで大きく変化し，身体の状態にも大きく影響することを伝える。 ・マイナスの言葉をプラスに変化させると緊張も解け，強い心で試合に臨めることを伝える。 ・マイナスの言葉をプラスに変化させる力が，自分たちにはあるということを伝える。 **⑧本時の活動を振り返る（振り返りシートを記入する）**	・本時の活動を振り返りながら要点をまとめていく。

ピンチで心を切りかえる…………………… ※74～77ページを使う

	学習活動と生徒の様子	ポイントと留意点
導入	**①本時のねらいを説明する。** 「試合でエラーやミスをしたときに，気持ちが追い込まれてどんどんミスを繰り返してしまうことがあります。そこで気持ちを切りかえる方法を学んでいきたいと思います」	・エラーしたときに気持ちを切りかえるにはどうしたらいいかに焦点を合わせる。
展開	**②「ミスして気持ちが追い込まれているとき呼吸はどんなふうになっているでしょう？」** **③「リラックスして心が落ち着いているとき呼吸はどんなふうになっているでしょう？」** **④「心と呼吸は密接につながっています。ミスして追い込まれているときや，緊張してドキドキしているときは，呼吸は浅く速くなっています。落ち着いているときは呼吸はゆっくり深くなっています。ゆっくり深い呼吸をしながら，緊張することはできません。気持ちを切りかえるためにゆっくり大きく呼吸することで落ち着くことができます」** **⑤リラックス法** 呼吸法と組み合わせて，リラックスするように軽くジャンプなどして気持ちを切りかえるのも効果的。 **⑥チャンネルチェンジ** ・いいプレーをしたときのイメージを思い浮かべているときの身体の状態を感じる。イメージに指サインをつける。 ・この指サインを合図に，このイメージや身体の感覚が戻ってくるように繰り返し練習する。 ・今度はエラーしたり緊張したときをイメージして，指サインでよい状態にチェンジできるように練習する。 **⑦センタリング（臍下丹田を意識する）** ・１人が立ってもう１人は押すなどしてぐらつきを確かめる。 ・立ちながら身体の中心の１点（へそから指３本下の中心）を意識する。もう１人は押すなどしてぐらつきを確かめる。 ・身体の中心を意識することで，心も落ち着きを取り戻し，身体も力まずにパワーを発揮できる状態になることを伝える。	・気持ちが追い込まれている場面をイメージして呼吸に目を向ける。 ・リラックスしたところをイメージして自分の呼吸に目を向ける。 ・ゆっくり深い呼吸をしながら、追い込まれた状況をイメージしようとして確かめてみる。 ・身体を使って確かめてみる。 ・２人組になって実験する。
まとめ	**⑧まとめ** ・心の状態は，呼吸やリラックスなど身体を意識することでコントロールすることができることを伝える。 ・緊張したり，心が萎縮してしまったときは，呼吸法，リラックス法，チャンネルチェンジ，センタリングなどを使って自分で切りかえていくことができることを伝える。 **⑨本時の活動を振り返る（振り返りシートを記入する）**	・本時の活動を振り返りながら要点をまとめていく。

イメージを使って可能性を広げる………※78～81ページを使う

	学習活動と生徒の様子	ポイントと留意点
導入	**①本時のねらいを説明する。** 「みなさんはどんな自分になりたいでしょうか？　自分の可能性を広げるにはイメージトレーニングが効果的です。イメージトレーニングを実際にいくつか体験してみましょう」	・イメージトレーニングで，自分がなりたい自分に近づきたいという気持ちを引き出す。
展開	**②演じるイメージトレーニング** 「強い選手になったつもりで顔の表情を作り，その人らしく歩いてみましょう。どんな感じがするでしょうか？」 「弱い選手になったつもりで顔の表情を作り，その人らしく歩いてみましょう。どんな感じがするでしょうか？」 「表情や態度は自分の内面にも大きく影響しています」 「次に自分の目標とする選手を一人選んで，詳しくイメージし，その人のすべてをまねしてみましょう」 「イメージを演じることで自分の幅を広げることができます」	・実際に自分で身体を動かして試しながら，身体で感じていく。
	③試合のイメージトレーニング ・次の試合を具体的に順を追ってイメージしていく。会場に着く前から試合が終わるまでを，繰り返し自分が望んでいる運びになるようにイメージする。イメージトレーニングはどこでも１人でできるので，繰り返し行うよう伝える。	・指導者は次の試合を具体的にイメージできるように順を追って誘導していく。
	④イチローの作文 ・だれが書いた作文かを伝えずに，読み終わったらあててもらうと言って，目を閉じさせて，イチローが小学校６年生のときに書いた作文を読んで聞かせる。 ・読み終えたら，だれが書いた作文だと思うか発表させる。 ・正解を伝え，イチローは小学生のときから目標のイメージがはっきりしていたから目標に近づけたと思うと伝える。	・目を閉じて聞くことに集中する。
	⑤夢の作文 ・自分たちも自分の夢を作文に書いてみる。	
	⑥なりたい状況のイメージトレーニング ・作文の内容を何回も頭のなかで繰り返すことで，自分のなりたい状態を手に入れる可能性が高くなることを伝える。	・最終的に手に入れたいゴールをイメージして文章にする。
まとめ	**⑦まとめ** 「イメージは現実につながるといわれています。イメージできると，自分の幅を広げたり望んだ結果を手に入れるために効果的に働きます。今日学んだイメージトレーニングを使いながら，望んだ結果を手に入れていってほしいと思います」と伝える。 **⑧本時の活動を振り返る（振り返りシートを記入する）**	・本時の活動を振り返り，要点をまとめる。

ワークシート　心の声をプラスに変える

名前＿＿＿＿＿＿＿＿＿＿＿＿＿＿

緊張しているときの心の声	→	落ち着くための心の声

第5章 生徒たちの声

加藤史子

この章は、メンタルトレーニングの効果を、実際に体験した生徒たちのナマの声から紹介します。チームや個人の成績が向上するだけでなく、思いがけない成果が報告されています。数百に及ぶ声から、最大公約数をまとめただけで、驚くような結果が見えてきました。

自分のために前向きに

自分の目標ができた…

私とともにメンタルトレーニングを体験した生徒たちの生の声を紹介します。

生徒の声

・やらされるのではなく、自分のために練習するようになった。
・自分の目標に向かって、進んで取り組むようになった。
・活気が出て、きつい筋トレも楽しくなってきた。
・雨などで練習がつぶれると喜んでいたが、いまは練習したいので練習がつぶれると残念な気持ちに変わった。

自分の目標ができたことによって、練習が主体的なものに変化したことがわかります。

練習をしたいと心から思うようになったり、楽しさが増して活気が出てきた様子が伝わってきます。

このような状態で練習をすれば、確実にいい結果を得ることができるでしょう。

時間の使い方が変わった

生徒の声

・休みの日や練習が終わったあとでも、家でできるトレーニングを自分で見つけてトレーニングするようになった。
・もっとよくなろうという気持ちになり、勉強にもやる気が出て、自分から勉強するようになって成績も上がった。
・怒られてもめげないで、家に帰ったら練習している。

印象的だったのは、生徒たちの時間の使い方まで変化していることです。

いままでは家でテレビを見たりしてダラダラ過ごしていた時間を、自分のための活動に使うように変化しているのが伝わってきました。

結果が自信につながっていく

生徒の声

- 毎日走り込みを続けて、足が速くなり、体力もついて自信がついた。
- 捕れなかったボールが捕れるようになり、リードも多くできるようになってきた。
- 守備は外野でだれにも負けないくらい自信がついた。ほかのことにも自信がついた。

いままでの自分から少しずつ成長していく様子を確認しながら、それらが自信につながっていったことがわかります。

自信をつけるには、自分のよさに気づいたり、進歩したことを自分で認めることが必要なのだということを示していると思います。

初めから自信がもてる人はほとんどいません。ですから、目標達成に向けた練習を通じて、生徒一人一人の自信を育てることが重要です。

緊張せずにプラス思考に

緊張しないでいられる自分

生徒の声

・打席での緊張がとれて、リラックスして打てるようになった。
・前は試合に出ると何も見えなくなるぐらい緊張していたが、いまは少しずつ直ってきた。
・どんなときでも焦ったり緊張したりせずに、自分のペースでプレーできるようになってきた。

メンタルトレーニングの成果としていちばん多くあげられていたのが、緊張せずに実力を発揮できるようになってきたというものでした。

試合だけでなく、授業中や人前で話すとき、あるいはテストやコンクールなどのさまざまな活動場面で、生徒たちがメンタルトレーニングの効果を生かしている様子を話してくれました。

ピンチのときも切りかえられる

生徒の声

・いままではエラーや三振などをしたときに気持ちを切りかえることができなかったが、気持ちがコントロールできるようになってきた。
・失敗したら縮こまっていたが、プラス思考によりプレーがガラッと変えられる。
・叱られたら落ち込んでいたが、いまは叱られたことを励みにしてやれるようになった。

生徒たちの関心は、自分がミスしてしまったときにどうすれば気持ちが切りかえられるかということでした。

メンタルトレーニングのプログラムを通じて学んだ呼吸法やプラスの言葉を活用しながら、ピンチに陥ったときも動揺を抑え、上手に自分を立て直している様子がわかります。

プラス思考になってきた

生徒の声

・最初は「打てない」「守れない」という不安があったが、いまは「絶対打ってやる」「捕ってやる」という自信がついてきた。

・マイナス思考がいつの間にか消えて、試合で活躍する自分の姿が浮かんできた。

・ピンチのときも、「まだまだ余裕がある」と自分に言えるようになった。

プレー中に湧き起こる自分の心のマイナスのつぶやきを、意識的にプラスに変えていくことによって、プレーに対する気持ちがプラス思考に変化していった様子が伝わってきます。

心を強く保つ方法を知って、生徒たち自身が積極的にその方法を使いながら、強くなろうとしていることがわかります。

問題行動が減って健康に

「それをするとヤバイ…」

生徒の声

・授業中や休み時間に暴れていたのが、落ち着いていられるようになった。
・悪いことをしなくなった。悪いことをしようとすると「それをするとヤバイ、止めとけ」という声が心のなかに聞こえてきて止められるようになった。
・殴ってきても殴り返さず、状況判断ができるようになってきた。

生徒たちが話してくれた内容のなかには、いままで自分がしてきた問題行動についてふれているものもありました。

何人かの生徒たちが「落ち着いてきた」「悪いことをしようとするとそこで『止めとけ』という心の声が聞こえるようになった」と話してくれました。

いじめをしないで済むように

生徒の声

・以前は先生などに注意されると、ムシャクシャしてだれかをいじめていた。いまは野球が面白くなって、時間さえあれば野球が上達することを自分で考えてやっている。注意されても前のようにムシャクシャせずに、自分のために言ってくれていると思えるようになった。いまでも少しはストレスはあるが、気にならない。

これは、これまでいじめを繰り返してきた生徒のコメントです。

この生徒は、以前は抱え込んだストレスを仲間に対するいじめで発散するしかほかに方法がありませんでした。

しかし、いじめに費やしていたエネルギーを野球に注ぐことでプラスのエネルギーに転換して、問題行動の改善につながったことを示しています。

STOP
悪い行いをする前に
自分をセーブできる
自分自身を
コントロール
できるように
なった
仲良くね
他人をいじめなくなった
昔は暴れて
いたけど
暴れたりせずに
落ち着きが出た
そういうこと
もうやめてね
ゴメンナサイ
嫌がらせをされても
冷静に判断できる
ファ〜
すっきり
お目覚め
体調がよくなった

部活動でのプレー向上のみならず、生活面での変化をもたらしたことは、この生徒の将来のために大変よかったと思いました。

身体症状も改善した

生徒の声

- 一週間で二回ぐらいあった腹痛やだるさが、いまはなくなった。
- 集会などで長時間立っていてもフラフラすることがなくなった。
- 疲れなくなった。
- ご飯がおいしくなってたくさん食べられる。夜もぐっすり眠れるようになった。

心の変化が、身体の変化としても表れてきたことを生徒たちは実感したようです。「疲れ」「だるさ」「腹痛」などの心身症の改善例があげられたほか、「朝起きられるようになった」「遅刻をしなくなった」などという声もありました。

第6章 メンタルトレーニングを活用するには

加藤史子

この章は、メンタルトレーニングを活用するうえで、ぜひ押さえておきたい指導者の姿勢について説明します。メントレがうまくいくか否かは、指導者の姿勢が大切な要素です。形だけを取り入れるのではなく、本書が提案するメントレの背景も、実践に生かしてほしいと願っています。

指導者は答えを押しつけない

答え探しと環境設定

メンタルトレーニングは、自分の心と向き合い、自分のなかから納得のいく答えを見つけていくトレーニングです。人から答えを強制されたり押しつけられるものではありません。

人はだれしも、納得のいく答えを自分で選びたいと思っています。

ですから、メンタルトレーニングでは、いくつかの体験や身近な例をあげて、自分なりの考え方で納得のいく答えを選びやすい環境を用意しています。

自分がほんとうに求めている答えは、自分でもまだ見えていないところにあります。メンタルトレーニングはさまざまなプログラムを体験するプロセスのなかで、自分にとってほんとうに必要な答えを見つけられるように環境設定してはじめて効果が得られます。

自分で答えを見いだせるようになるために

生徒それぞれが納得のいく答えを見いだすには、自分自身に対する問いかけを繰り返し、その積み重ねのなかから答えを抽出するプロセスが不可欠です。しかし、いきなりこれを一人で実践するのはむずかしいので、初めは少しメントレ体験を重ねるといいでしょう。

例えば、「赤青カードのコミュニケーション」というメントレ体験では、指導者が発するさまざまな問いかけに対し、カードの色で意思表示してもらいます。その都度、そのカードをあげた理由を確認しながら進めていきます。

このような双方向の対話式コミュニケーションのスタイルならば、問いかけに対し自分だったらどう思うのかの意思表示と確認が、自分自身と会話しているように行え、飽きずに集中して思考することができます。初めのうちは、自分の考えを表現することに抵抗を示すこともありますが、どんどん集中してくるのがわかります。

A 指示や教示による指導法	答えは生徒に与えられる	生徒の内面の欲求と異なる	練習の効果が半減する
B 選択肢を提示する指導法	答えは生徒自ら選択する	生徒の内面の欲求と一致する	主体的な練習となり効果が上がる

指導者としてどちらの指導法を選ぶか？

赤青カードのコミュニケーション実践例

本書で紹介したメントレ体験の場面での実践例

例1

「いまのメントレ体験で二つの違いが確認できた人は青、二つとも同じだった人は赤、どちらともわからなかった人は両方あげてください」

↓青をあげた生徒にどんな違いを確認したのかを聞く。↓ねらいとする違いを生徒に伝える。

練習場面での実践例

例1

「プレー時の心のもち方について重要だと思っている人は青、関係ないと考える人は赤、考えたこともないという人は両方あげてください」

例2

「強い選手は練習をやりたくないが仕方なく取り組んでいると思う人は青、自分から強くなりたいと思って取り組んでいると思う人は赤、どちらかわからないという人は両方あげてください」

「知識は驚きから始まる」――。

まさに、自分の身体で感じ、発見し、驚いて、学び、自分の意思で変化を遂げていくのです。

答えは自分のなかにある

本来、身体は感覚的に答えをもっているのですが、ほとんどの人は理屈で考えすぎてその感覚が鈍り、素直な驚きを感じにくくなっています。またいっぽうでは、正しい答えを外に求める癖がついていて、親や教師に答えをもらわないと安心できない生徒が増えているという現実があります。

いま生徒に求められているのは、問題に直面したときに、外に答えを求めるのではなく、自分のなかから見いだせるようになることです。答えを見いだそうとする習慣がつくと、自分の指針がはっきりし、自分をもっと信じられるようになり、振り回されない生き方ができるようになります。

このことは、これからの人生をよりよく生きていくために、非常に重要なスキルであることはいうまでもありません。

理屈ではなく身体で感じる

理屈ではわからない

指導書には、もっともなことがたくさん書いてあります。しかし、これを読んで頭で理解しても行動の変化にまでいたらないものが多いのは残念なことです。

行動の変化をもたらすためには、身をもって体験し、変化の違いを身体で理解することが重要です。このとき「変化してみよう」という決意を促すくらいのインパクトのある「発見と驚き」がなければいけません。その点、本書で取り上げたような、「絵や図を用いた視覚情報↓身体で違いを感じられるような体験↓体験を整理していけるような理論」というプログラム構成は、大変効果的に行動の変化をもたらします。

生徒たちは初めての体験に興味を示し、「心のもちようでこんなにも行動や結果が違うものなのか」という発見に驚くのです。

変 化 ← **学びの実践**

↑

変化したいという決意

↑

インパクトのある発見と驚き
視覚情報やメントレ体験
体験を整理する理論

＋

ぼくたち・私たちの
■ 理屈ではなく心で感じる感性
■ 答えを自ら探し出す姿勢
■ 周囲に振り回されない自己信頼感

理屈よりも感性と体験がものをいう

第7章

メンタルトレーニングで心を育てる

加藤史子

この章は、メンタルトレーニングを手がかりにして、子どもたちが「自分らしい生き方」を見つけ実現できるようになるにはどのようにしたらよいかを説明します。試合に勝つだけでなく、自分に勝ち、人生に勝つための姿勢を、部活動という貴重な体験の中でこそ培いたいものです。

あと半分の教育の場としての部活動の意義

ほんとうに必要な〝あと半分の教育〟

教育改革論議が活発に行われています。現行の学習指導要領で内容が削減された埋め合わせに、発展的な内容を加えることになりました。しかし、それ以前に、ほんとうに必要な内容が盛り込まれているのかどうかという疑問が残ります。

私は計算が人よりできるよりも、漢字がたくさん書けるようになるよりも、「心をどう育て、健全に保つか」ということがもっと大切だと思っています。「自分の心のために自分は何ができるのか」「自分の存在意味をどうやって確認していくのか」「困難なことにであったとき、心をどうやって切りかえていくのか」ということのほうが、成長には必要なことのように思うからです。

今回紹介したメンタルトレーニングのプログラムは、私だったら中学・高校時代にどんなことをどんなふうに教えてもらいたいか、という視点で開発しました。部活動に日々取り組むなかで、何を指針にし、何を獲得していくのか。それを自らが理解して手に入れていくプロセスは、生徒たちにとってかけがえのない財産になるはずです。

生徒たちは、自分の心をどうやって健全に保ち、成長させていくことができるのか、どうやったら輝く未来を実現していくことができるのか、この「あと半分の教育」を切実に求めています。

心は何もしないままに健全に成長するものではありません。心も身体同様、病気になりますが、心は目には見えないため、状態を自覚するのがとても困難です。とはいえ、見えない心を感じ取り、必要に応じて栄養素を補給していかなければなりません。

メンタルトレーニングは、心に「夢」「希望」「自信」という栄養素を与え、「プラスのエネルギー」を引き出すプログラムです。それは、部活動をしている生徒だけでなく、どんな人たちにも必要な普遍的な要素なのです。

「なりたい自分像」とセルフコントロール力

私が見ているかぎり、生徒の多くは「なりたい自分像」がまだ明確になっていません。明確にする前に、「なれるわけがない」と諦めているので、「なりたい自分」があることにさえ気がついていないケースが多いようです。

しかし、いったん「なりたい自分の姿」が明確になると、心のなかにエネルギーが湧いてくることに気がつくでしょう。そして、磁石に吸い寄せられるように「なりたい自分像」にグングン近づいていくのがわかります。夢はパワーを与え、エネルギーに方向性をもたせ、行動を呼び起こし、時間の使い方を変えていきます。

「なりたい自分になれる」という信念は、心の深い部分に安心感をもたらし、心の健康という面でも力を発揮します。何となくモヤモヤした感じや、トゲトゲしてだれかにつっかかりたくなる気持ちは思春期特有のものですが、自分の目標が見えて、その目標に近づきたいと思うと、そのモヤモヤやトゲトゲが解消されていきます。この時期の不安定な心を落ち着かせ、エネルギーに方向性をもたせることは、心に健康を取り戻させてくれます。

また、なりたい自分が明確になると、セルフコントロール力が身についてきます。心のなかに「それは自分のためになるかどうか」という指針が生まれるからです。

何人もの生徒が「ヤバイことをしようとすると『それは止めとけ』という心の声が聞こえてくるようになった」と言ってくれました。大人は「これをしてはいけない」という指導をしますが、その指導が必ずしも心に届かない思春期の生徒たちにとっては、「なりたい自分になれる」という学習を通じて、効果的なセルフコントロールを身につけることが成長の支えになるのです。

流されずに生きるための「人生の地図」

人は何も意識しなければ、状況に流されて生きてしまいがちです。

目に見えない大切な何かを求めて、必死に生きているつもりなのに、いま自分がどこにいるのか、どこにたどりつこうとしているのかがわからずに、もがいている生徒が多いのです。

メンタルトレーニングでは、目に見えない大切な「何か」を見つける手がかりを生徒自らが探していきます。このプロセスを経験しながら、心の現在位置を確認し、自分の到達したい目標が見つかると、それまで見えていなかった「人生の地図」が頭のなかに描けるようになってきます。

人生の地図とは、船で旅するときの世界地図のようなものです。つまり、海の上ではどちらを向いても海で、どっちに進んでよいのか途方に暮れるでしょう。そんなときに、地図を見て、いまどのあたりにいるのかを星の位置を手がかりに見当をつけ、どちらに進めばどこに行き着くのかという予想がつくと、希望をもって進むことができます。見えない未来という自分の人生で、進むべき方向を指し示して安心感を与えてくれるものが人生の地図。その地図と、めざす方向を指し示してくれる星を見つける作業がメンタルトレーニングなのです。そして、複数ある道筋のどこを通ってどのように進むのか、自ら考えていく力が芽生えます。

こうなるとしめたもので、流されて生きるのではなく、自分の意思をもって主体的に人生にかかわっていくことができるようになります。生徒がこの段階にいたるまでサポートするのが、わたしたち大人の役割なのです。

3タイプの人生のシナリオ

人はだれもが自分で描いたシナリオをもっていて、そのシナリオどおりに生きていくと心理学者のエリック・バーンは言っています。いま指導している生徒たちは、どのようなシナリオをもっているでしょうか。

自分で描いたシナリオは、必ずしも自分にとってベストなものばかりではありません。ですから、気づかぬうちに自分が望んでいる結果を得られないような行動を選んでしまっていることもあるのです。

もし、自分が描いたシナリオがベストでないのなら、自分の力でシナリオを描き直す必要があるでしょう。

部活動はそのきっかけを与えてくれる絶好の機会です。なぜなら部活動とは、自分で選んだ活動であり、自分のめざした結果を得るために取り組むものだからです。部活動で目標を設定して取り組み、自分の夢に向かって挑戦するなかで、自分の行動パターンや思考パターン、心のありようを見ていく。このことが、自分のシナリオについての気づきにつながります。

シナリオには、「勝者のシナリオ」「敗者のシナリオ」「平凡なシナリオ」の三種類があるといわれています。

自分の望む成功を手に入れられるシナリオが「勝者のシナリオ」です。それに比べ、自分が望んでいない方向へといってしまうのが「敗者のシナリオ」です。

メンタルトレーニングは、自らが気づいて「敗者のシナリオ」を「勝者のシナリオ」に描きかえるプロセスを手助けします。

メンタルトレーニングのプロセスは、言いかえれば、勝者のシナリオを手に入れるためのプロセスにほかなりません。

可能性を信じられる人間に

夢の実現に向かって動き出せるかどうかは、「自分はできると信じる力」にかかっています。

本来人間は無限の可能性をもっているのですが、ここまでしかできないという思い込みの壁が、自分の可能性の芽を摘んでいます。

「そんなことはできない」「それは無理」と周りの人に言われながら、自分の可能性を狭めていくのです。

私は、生徒たちに自分の可能性を信じてほしいと願います。そのためにできることは、自分の可能性にチャレンジする機会を提供することと、それを支えてあげることです。

いま、自分は何を考えているのか、何を望んでいるのかは、意識を向けなければわからないものです。生徒たちは「信頼される自分」になりたいのかもしれません。もしかしたら

「自分の可能性」を見つけてみたいのかもしれません。それぞれ違っていいのだと私は思います。

「自分の可能性を信じる力」は、やがて社会に飛び立つ翼になるでしょう。生徒たちに自分の可能性という風に乗って飛び立つ翼をプレゼントしてあげたいという願いは、多くの指導者に共通のものであると思います。

部活動はその翼を育てるチャンスです。何かに思いっきり打ち込み、チャレンジし、結果をものにしていくプロセスこそが、その翼をより大きく育てるからです。

メンタルトレーニングの枠を超えて

メンタルトレーニングの最初の目的は、「試合に勝つ」ということだったかもしれません。けれどもメンタルトレーニングは、それ以上の可能性を秘めています。部活動を通じて心を鍛えながら人生に必要なことを体得することができるからです。

「生き方」を教えてくれる人を、なかなか見つけられない現代社会のなかで、部活動は貴重な体験を提供することになるでしょう。

生徒たちは生きるためにヒントを求めています。生きるうえで大切なことは何なのかを探しています。求めている何かを見つける手がかりに、メンタルトレーニングをぜひ活用してほしいと思います。

おわりに

この本は、部活動の現場で日々汗を流しながら努力されている先生方のために書きました。この本で紹介した内容がみなさんの役に立って、少しでもご自分が望まれている指導スタイルの確立に役立てられればこんなに嬉しいことはありません。

また、部活動で日々汗を流している子どもたちのためにも、わかりやすく書いてあります。部活動に取り組みながら、目に見えない何かを模索している子どもたちに、自分の求めている何かを見つけてもらいたいと心から願っています。

子どもたちが自分で選び、そして多くの時間を費やす部活動ですから、技術の向上や勝つことを超えたところにある、「心の成長」のために部活動を活用していただければと願っています。

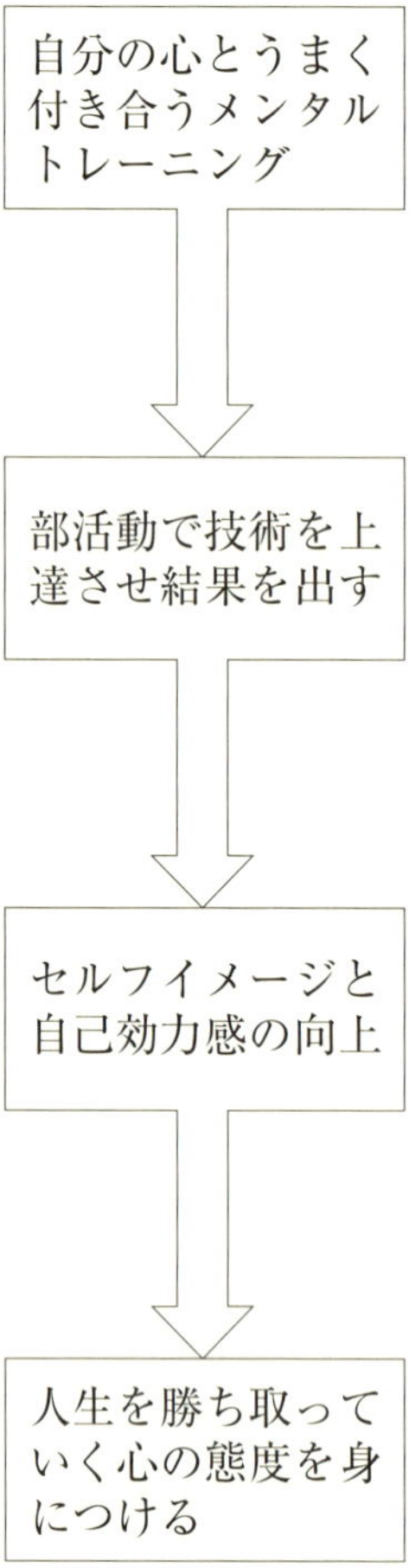
自分の心とうまく付き合うメンタルトレーニング
部活動で技術を上達させ結果を出す
セルフイメージと自己効力感の向上
人生を勝ち取っていく心の態度を身につける

本書がめざしたのは「いつでも、どこでも、だれでも、簡単に使える心のトレーニング」です。

部活動だけでなく、テストや授業への取り組み、また、日々の生活のなかで生かそうと思えばどんな場面でも活用できる内容です。どうぞ、指導者自身も、子どもたちも一緒に、自分のためにここで紹介した方法を使いながら、自分の求めている「なりたい自分」を手に入れてください。あとは、みなさんの力で、使いやすいように改良しながら、活用していただけたらと思います。

最後になりましたが、このメンタルトレーニング誕生のきっかけをくださった近藤義男先生と各学校の先生方に、受講して効果を確認してくれたたくさんの子どもたちに感謝を伝えたいと思います。また、修士論文を指導し、出版することを勧めてくださり、監修者にもなってくださった上杉賢士先生と、プログラムの内容に関し多大なる示唆をいただきました岡野嘉宏先生、本当に感謝しています。ありがとうございました。そして、出版に際して多大なる協力をいただきました東則孝さん、関口和美さん、このような本にしていただけたこと、とても感謝しています。これまで支えてくださったすべてのみなさん、ありがとうございました。

平成十六年十月

メンタルトレーナー　加藤　史子

■監修者紹介

上杉賢士　千葉大学教授

千葉大学附属小学校教諭，千葉県総合教育センター指導主事を経て現職。生徒指導学会事務局長。千葉総合学習研究会会長。小学校教諭当時より，20年以上にわたり道徳教育を専門に取り組む。現在は総合的な学習のあり方に重点を置き，我が国のプロジェクト学習研究の第一人者として，本場アメリカで得た手法を国内で実践。生徒たちの内面に潜む学びの意欲を刺激しつづけている。著書に，『総合学習進化論』明治図書，『学びの情熱を呼び覚ますプロジェクト・ベース学習』学事出版（監訳），他多数。

■著者紹介

加藤史子　千葉県中学生野球連盟特別講師・メンタルトレーナー

筑波大学体育専門学群卒。千葉大学大学院学校教育臨床修了。中高では新体操選手として全国大会やインターハイに，大学ではリズム体操選手として世界体操祭に出場。一般企業の勤務を経て，現在は，企業内研修講師，学校内研修講師，「子育て教室と子育てカウンセリング」の講師としてサイコエデュケーションを行う。ベースボールマガジン社ジュニア指導者向け雑誌「HIT&RUN」に「小・中学生のためのメンタルトレーニング即効プログラム」隔月連載。

加藤史子のオフィシャルホームページ

http://www.kokoro-genki.net/

●ビデオも好評発売中

野球少年・指導者のための「心を鍛える！メンタルトレーニング」

問い合わせ先：ジャパンライム株式会社　〒141-0022 東京都品川区東五反田1-19-7

TEL 03-5789-2061　FAX 03-5789-2064　http://www.japanlaim.co.jp/

●著者への講師依頼等の連絡は，

千葉県中学生野球連盟・事務局　近藤義男：090-1843-8998

メンタルトレーニングで部活が変わる

2004年11月10日　初版第1刷発行［検印省略］
2017年10月10日　初版第7刷発行

監修者　上杉賢士
著　者　加藤史子©
発行人　福富 泉
発行所　株式会社　図書文化社
〒112-0012　東京都文京区大塚1-4-15
TEL.03-3943-2511　FAX.03-3943-2519
振替　00160-7-67697
http://www.toshobunka.co.jp/

本文・装幀デザイン　株式会社 加藤文明社印刷所
印　刷　株式会社 加藤文明社印刷所
製　本　株式会社 村上製本所

ISBN 978-4-8100-4446-1 C3037
乱丁・落丁本の場合はお取り替えいたします。
定価はカバーに表示してあります。

構成的グループエンカウンターの本

必読の基本図書

構成的グループエンカウンター事典
國分康孝・國分久子総編集　Ａ５判　本体6,000円＋税

教師のためのエンカウンター入門
片野智治著　Ａ５判　本体1,000円＋税

自分と向き合う！究極のエンカウンター
國分康孝・國分久子編著　Ｂ６判　本体1,800円＋税

エンカウンターとは何か　教師が学校で生かすために
國分康孝ほか共著　Ｂ６判　本体1,600円＋税

エンカウンター　スキルアップ　ホンネで語る「リーダーブック」
國分康孝ほか編　Ｂ６判　本体1,800円＋税

目的に応じたエンカウンターの活用

エンカウンターで保護者会が変わる　小学校編・中学校編
國分康孝・國分久子監修　Ｂ５判　本体各2,200円＋税

エンカウンターで不登校対応が変わる
國分康孝・國分久子監修　Ｂ５判　本体2,400円＋税

エンカウンターで学級づくりスタートダッシュ　小学校編・中学校編
諸富祥彦ほか編著　Ｂ５判　本体各2,300円＋税

エンカウンター　こんなときこうする！　小学校編・中学校編
諸富祥彦ほか編著　Ｂ５判　本体各2,000円＋税　ヒントいっぱいの実践記録集

どんな学級にも使えるエンカウンター20選・中学校
國分康孝・國分久子監修　明里康弘著　Ｂ５判　本体2,000円＋税

どの先生もうまくいくエンカウンター20のコツ
國分康孝・國分久子監修　明里康弘著　Ａ５判　本体1,600円＋税

10分でできる　なかよしスキルタイム35
國分康孝・國分久子監修　水上和夫著　Ｂ５判　本体2,200円＋税

多彩なエクササイズ集

エンカウンターで学級が変わる　小学校編　中学校編　Part 1～3
國分康孝監修　全3冊　Ｂ５判　本体各2,500円＋税　Part1のみ　本体2,233円＋税

エンカウンターで学級が変わる　高等学校編
國分康孝監修　Ｂ５判　本体2,800円＋税

エンカウンターで学級が変わる　ショートエクササイズ集　Part 1～2
國分康孝監修　Ｂ５判　①本体2,500円＋税　②本体2,300円＋税

〒112-0012　東京都文京区大塚1-4-15　**図書文化**　TEL. 03-3943-2511　FAX. 03-3943-2519
ブックライナーで注文可　0120-39-8899

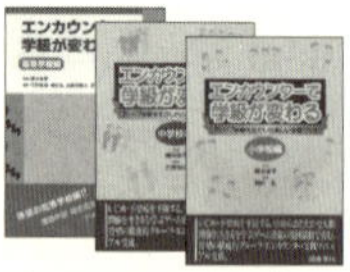